関ヶ原への道

豊臣秀吉死後の権力闘争

Tomoki Mizuno
水野伍貴

東京堂出版

はじめに

慶長《けいちょう》五年（一六〇〇）九月十五日に起きた関ヶ原《せきがはら》の戦いは、日本史上、有名な戦いの一つに挙げられる。しかし、有名な戦いであるにもかかわらず、何軍と何軍の戦いと問われると人によって答えが分かれるのではなかろうか。

一般的には、徳川《とくがわ》軍と豊臣《とよとみ》軍の戦いという答えが出るだろう。歴史に関心のある人になると、徳川家康《いえやす》と石田三成《いしだみつなり》（あるいは毛利輝元《もうりてるもと》）、もしくは、豊臣軍（東軍）と豊臣軍（西軍）の戦いという答えが増えると思われる。

いずれの答えも間違いではない。家康が率いる東軍も豊臣秀頼《とよとみひでより》に対する奉公を掲げている以上、家康も秀頼の臣下であり、徳川軍と豊臣軍の戦いという答えは、誤りのように感じられる。しかし、公家の山科言経《やましなときつね》は、慶長五年九月二十七日の日記で、関ヶ原の決戦に勝利して大坂城《おおざかじょう》に入った家康が、秀頼と「和睦《わぼく》」したと記している。また、藤井譲治氏は、前年（慶長四年）八月十四日に家康が参内《さんだい》した際の宴《うたげ》で三献《さんこん》が行われたことから、天皇の側が事実上、家康が「天下人」であることを承認したことを意味していると評価している（藤井二〇二〇）。豊臣秀頼と主従関係を有していない公家たちは、家康を秀頼に並び立つ権力と評価しており、秀頼の臣下という枠から外していた。朝廷の視点で見た場合は、徳川軍と豊臣軍の戦いとなるのである。

あえて答えを一つに絞るのであれば、豊臣軍（東軍）と豊臣軍（西軍）の戦いとなるだろう。黒田如《くろだじょ》水《すい》が（関ヶ原の戦いの結果を知る前の）九月十六日付けで藤堂高虎《とうどうたかとら》に宛てた書状において、加藤清正《かとうきよまさ》と如水が今回切り取った九州の土地を、秀頼から拝領できるよう家康に取り成してもらいたい旨を述べていることから、東軍に属した武将たちも、あくまで秀頼の臣下だったといえるのである。

だがこの点も複雑で、細川《ほそかわ》（長岡《ながおか》）忠興《ただおき》に関しては、徳川氏の信頼を得ようと懸命に努めており、関ヶ原の戦いの時には実質的に徳川大名となっていたと評価できる。こうした複雑さは、関ヶ原の戦いの魅力の一つではあるが、実体が捉えづらいともいえる。

なお、家康ら東軍と三成ら西軍の戦いは、九月十五日の関ヶ原の戦い（以下「本戦」と表記）一日だけの出来事ではない。家康が会津《あいづ》（福島県会津若松市）の上杉景勝《うえすぎかげかつ》を討つために六月十六日に大坂城を出立したのをきっかけとして、七月に三成ら西軍が挙兵。これまで家康が居所としていた大坂城西之丸を占拠すると共に、檄文《げきぶん》と、家康の罪状を十三ヶ条にわたって書き連ねた「内府《（家康）》ちかひ《（違い）》の条々」を発して、家康を豊臣公儀から放逐することを宣言。戦いの火蓋が切られた。そして、本戦に至るまでには伏見城の戦いをはじめとする幾多の前哨戦、そして各地方でも局地戦が並行して行われた大規模な大乱だった。そして、その終結は、慶長七年（一六〇二）十二月に島津忠恒《しまづただつね》（家久《いえひさ》）が家康に謁見して赦免された時であり、本戦から二年以上あととなる（以下、大乱を総体的に述べる際は「関ヶ原の役」と表記）。

関ヶ原の役は、秀吉死後の権力闘争の総決算といえる。通説では、三成らの挙兵の報に接した家康は、下野小山《おやま》（栃木県小山市）に諸将を集めて軍議を開き、去就を問うた。そこで福島正則《ふくしままさのり》が率先して家康に味方することを表明したため、臨席した諸将が一同に家康に味方したとされている。しかし、実際は一瞬で味方に決まるほど単純ではない。

例えば、慶長四年（一五九九）閏三月に加藤清正をはじめとする七将は、三成の切腹を訴えるが、家康の裁定によって三成の処分は領地の佐和山《さわやま》（滋賀県彦根市）での蟄居《ちっきょ》となった。すると、清正は裁定に対する不満を示して、佐和山へ向かう三成の襲撃が懸念されるほどであり、家康は二男の結城秀《ゆうきひで》康《やす》に三成を護送させて清正を牽制するほかなかった。権力闘争が始まった当初から親徳川の立場をとる諸将は多かったものの、彼らに対する統制力には限りがあった。政敵の排除のほかにも、諸将に対する統制力の強化という課題を家康は抱えていたのである。七将を例に挙げると、家康は関ヶ原の役に至るまでに、福島正則、蜂須賀家政《はちすかいえまさ》（一茂《かずしげ》）、加藤清正、黒田長政《くろだながまさ》とは縁組を行い、藤堂高虎、細川忠興、浅野幸長《あさのよしなが》（長慶《ながよし》）からは人質を受け取ることで関係を強め、統制力の強化を図っている。会津征討に従軍していた諸将が離散せずに家康のもとにとどまったのは、関ヶ原の役に至るまでに家康が積み重ねてきたものが反映された結果といえよう。

また、西軍の面々を見ても、秀吉の死の直後から毛利輝元と三成ら奉行衆は盟約を結んでおり、輝元と宇喜多秀家《うきたひでいえ》の交流も確認できる。三成に「特に親しい」と言わしめた寺沢広高《てらざわひろたか》（正成）は結果的に東軍に味方するが、前年（慶長四年）の段階で家康の執政に協力的な立場をとっていることが確認できるように、関ヶ原の役が始まってから突然立場を変えたわけではない。東西陣営のおよその枠組みは、関ヶ原の役以前の段階ですでに形成されていたのである。

関ヶ原の役の実体を捉える上で、秀吉が歿してから西軍が挙兵するまでの豊臣政権内部の対立を整理して見ていくことは重要である。そして、家康は何と戦い、何を破ったのか、という問いを解く上で重大な鍵となる。『義演准后日記《ぎえんじゅこうにっき》』慶長七年十二月三十日条に秀頼が関白、徳川秀忠《ひでただ》が征夷大将軍に就任するという噂が記されているように、関ヶ原の役の結果、豊臣氏の摂関家としての地位が失われたわけではない。豊臣氏の立場は否定されていないにもかかわらず、なぜ家康は政権を樹立することができたのか。家康は何を倒したから政権を樹立することができたのか、本書で明らかにしていきたい。

このテーマに取り組むにあたって、本書では、書状や日記、いわゆる一次史料を中心に進めていく。また、必要に応じて二次史料も活用していく。光成準治氏が著書（光成二〇一八）の冒頭において、二次史料を排して一次史料のみによる実証的な分析によって実像を明らかにすると謳《うた》っているように、近年は一次史料のみに基づいた実証が主流となってきている。したがって、二次史料を活用することに対して違和感を持つ読者も少なからずいるだろう。

しかし、書状をはじめとする一次史料に書かれている内容を解釈する上では、二次史料から得られた情報を知識として活用しているケースが圧倒的に多い。厳密にいえば、二次史料を排することは不可能である。

また、本書の第二章で活用している『厚狭毛利家文書』の中には、端裏書《はしうらがき》に「則《すなわち》火中（すぐに焼き捨てて欲しい）」と書かれた書状が見られるように、緊張が張り詰めた時期における繊細な情報が記された書状は、機密保持などの理由から読後に焼却する傾向があったと思われる。

関ヶ原の役の最中、宇喜多秀家の旧臣で東軍に属した戸川達安《とがわみちやす》は、宇喜多氏の老臣明石守重《あかしもりしげ》（全登）に宛てた書状において、家康が八月十六日に江戸を出立し、二十五日か二十六日には必ず清須《きよす》（愛知県清須市）に到達するだろうと虚偽の情報を伝えている。戦中は、平常時と比べて誤報が飛び交っていたのである。

緊張が張り詰めた時期であるほど、重要な情報が記された一次史料は残りづらい。また、一次史料であるからといって正確な情報が記されているとは限らず、内容を検討する必要がある。活用にあたっては十分な配慮を行う必要があるが、事件の全体像を捉え、情報を精査するために、二次史料は有効に活用すべきであると筆者は考える。

二次史料といっても、同時代の人物が後日・後年に回想して記した覚書《おぼえがき》から、後世の人物が編纂した軍記《ぐんき》まで様々である。そこで、本書で扱う二次史料をいくつか挙げ、本書での扱い方を述べたい。

伊達政宗《だてまさむね》の家臣伊達成実《しげざね》による『伊達日記《だてにっき》』や、前田利家《まえだとしいえ》の老臣村井長頼《むらいながより》の子である村井長明《ながあき》（長之）の覚書『亜相公御夜話《あしょうこうおんやわ》（利家公御代之覚書）』と『象賢紀略《しょうけんきりゃく》（利長公御代之おぼえ書）』は、同時代の人物が記した覚書である。また、後述するように一つ書きの形式がとられている点も評価でき、二次史料の中でも上位に位置づけられる。

『看羊録《かんようろく》』は、朝鮮の儒者姜沆《カンハン》の記録であり、孝宗五年（一六五四）に門人の手によって編集され、二年後に刊行された。姜沆は、慶長二年（一五九七）に藤堂高虎の軍に捕らえられて大洲《おおず》（愛媛県大洲市）に拘留され、翌年六月には伏見（京都市伏見区）に移送された。慶長五年四月二日に伏見を離れて帰国の途に就き、同年五月十九日に釜山《プサン》へ着いている。藤原惺窩《ふじわらせいか》ら日本側の人物との交流はあるものの、姜沆が把握している政治的情報の正確性は、当時の人々の風聞の域を出ない。しかし、日本にいながらも朝鮮国王宣祖《ソンジョ》への上奏文を明《みん》の使者王建功に託して、日本の歴史・地理、文禄・慶長の役に従軍した諸大名の情報などを報じ、日本と戦うにあたっての私見を述べているように、姜沆の情報収集の目的は国王に上奏するためのものであり、姜沆なりに正確な情報を掴もうとしていたことは想像に難くない。『看羊録』の記述のみをもって、その内容を歴史的事実とするのは危険であるが、当時の人々の認識（風聞）を知る上では有益な史料といえる。

『細川忠興軍功記《ほそかわただおきぐんこうき》』は、細川家臣牧丞太夫《まきじょうだゆう》によって編纂された覚書であり、寛文《かんぶん》四年（一六六四）に成立。ただし、寛文九年に別人による加筆も行われている。一つ書きの形式がとられ、条の末尾に情報源（語り手）が示されている箇所が所々見られる点は情報の信頼性を高めている。しかし、記述されている事件等の日にちについては誤りも見られる。また、慶長五年七月十七日晩に細川忠興のもとへ七月九日付けの小笠原少斎《おがさわらしょうさい》（秀清）の書状が届いたとする記述があるが、少斎から報じられた内容に七月九日以降の出来事が記されており、疑わしい記述も一部に見られる。こうした点においては注意が必要であるが、中には忠興本人から聞いたとする条目も見られるように、当事者から発せられた情報を集約したものと考えられ、比較的良質な二次史料といえる。

『板坂卜斎覚書《いたさかぼくさいおぼえがき》』は、家康の侍医板坂卜斎（如春）の覚書である。卜斎は天正十九年（一五九一）に家康に拝謁し、関ヶ原の役に従軍している。文中に伊豆諸島の八丈島《はちじょうじま》から来た者が、宇喜多秀家が正保《しょうほう》年中（一六四五〜四八）までは存命であり、嫡子（秀高《ひでたか》）は死去したと語ったとする記載があるため、秀高が歿した慶安《けいあん》元年（一六四八）以降から、卜斎が歿する明暦《めいれき》元年（一六五五）までの間に成立したと考えられる。家康の侍医による記録である点は評価に値するが、石田三成の制裁を訴えた七将のメンバーに誤りがあるほか、東軍諸将が小山から反転西上した日を七月二十八日とするなど、所々で誤りが見られる。また、実在が疑わしい七月十二日付け永井直勝《ながいなおかつ》宛て増田長盛《ましたながもり》書状［史料33］（第四章一九二頁参照）が写しで掲載されている。後年の記載による記憶違いのほか、家康顕彰のバイアスなどから脚色が行われた可能性も考慮しなくてはならない。家康の侍医による記録という点を過大評価して記載内容を全面的に信用するのは避けるべきであり、ほかの史料と記載された情報を比較しながら用いる必要がある。

『関原軍記大成《せきがはらぐんきたいせい》』は、宮川忍斎《みやがわにんさい》（尚古）によって正徳《しょうとく》三年（一七一三）に成立した軍記である。豊臣秀吉の事績の大略で始まり、秀吉の死から徳川家康の征夷大将軍任官までを詳細に叙述しており、現在の通説の大元となっているといっていいだろう。

若狭小浜《おばま》藩主酒井忠勝《さかいただかつ》の命によって林羅山《はやしらざん》・鵞峰《がほう》父子が編纂した『関原始末記《せきがはらしまつき》』（明暦二年〈一六五六〉成立）をもとに編纂され、幾度の改題、増補を経て成立したのが、『関原軍記大成』である。宮川忍斎は、延宝《えんぽう》三年（一六七五）から正徳三年の春にかけて諸将の戦功の真偽を確かめるために諸国から記録や伝承を集めており、これらの情報が『関原始末記』に肉付けされている。

宮川忍斎は、信憑性のある説は真偽を付け難いため、その諸説を列記し、誤説と判断できるものは説として挙げなかったとしているので、情報の取捨選択が行われている。しかし、関ヶ原の役から一世紀経っているほか、用いられた情報の質も高いとは決していえない。『関原軍記大成』は、大量の情報を有し、通説を体系的に把握する上では便利であるが、記載内容を信用して、ほかの史料との比較がないまま史実とするのは避けるべきである。本書では、論拠として用いることは避け、通説を紹介するにあたって用いている。

二次史料を用いるにあたっては、①同時代の人物によるものか否か、②その人物の立場、③史料の作成意図、④記述方法、⑤成立時期の五つの要素を考慮していく。『伊達日記』と『象賢紀略』は、どちらも同時代の人物によるものだが、『伊達日記』は関ヶ原の役の最中、伊達政宗が白石城《しろいし》（宮城県白石市）を攻略したのち、家康が小山から江戸へ引き返したのを受けて上杉領への侵攻を止めたところで記述が終わっており、それから間もなく成立したと考えられる。それに対して、『象賢紀略』は村井長明の子である長時が、長明の覚書をまとめたことで成立しているため、成立時期には差がある。また、同時代の人物の手によるものであっても、御家の顕彰というバイアスがかかっている点は否めず、その点は十分に考慮しなくてはならない。史料の作成意図という面では、『看羊録』が最も評価できるが、前述の通り、姜沆は正確に情報を掴めていない。その人物が正確な情報を得やすい立場にあったかどうかという点も重要である。

史料の記述方法については、『板坂卜斎覚書』や『関原軍記大成』のように物語形式で書かれているほうが事件を体系的に捉えやすいが、物事の前後を繋げるために書き手の推測が入る可能性がある。一方で、一つ書きの形式は物事が淡々と書き並べられているので、そうした可能性は低くなるといえる。

以上、七点の二次史料を、五つの要素を考慮して筆者が信憑性を高いと判断した順に挙げた（ただし、『看羊録』は当時の風聞を知る上での活用にとどめる）。そのほかの二次史料も同様に信憑性を踏まえた上で配慮を行いながら活用していく。

本書における史料の引用は、読みやすさを考慮して基本的に現代語訳にしている。ただし、豊臣秀吉自筆遺言状写［史料3］（第一章四四頁参照）のように、そのままのほうが伝わりやすいと思われるものについては読み下し文で引用している。また、イエズス会の史料の日本語訳は、松田毅一監訳『十六・十七世紀イエズス会日本報告集』第Ⅰ期、第三巻（同朋舎出版、一九八八年）から引用。『看羊録』の日本語訳は、姜沆著・朴鐘鳴注釈『看羊録』（平凡社、一九八四年）から引用している。

なお、本書での人名・地名の表記は、著名な名称で統一した。また、本文に組み込まれた出典の表記は、煩雑さを避けるため略称を用いている。

関ヶ原への道　豊臣秀吉死後の権力闘争

目次

序章　徳川家康と石田三成

豊臣政権の運営は、豊臣秀吉の独裁で行われてきた。絶対的権力者である秀吉が死に臨んだ時、跡継ぎの秀頼は六歳であり、秀吉の代わりを務めるには若年すぎた。そのため、絶対的権力者の死期が近づくにつれて、その穴を埋めるための政治機構の構築が急務となったのである。そして、設けられたのが五大老《ごたいろう》と五奉行《ごぶぎょう》だった。関ヶ原の役の主役というべき徳川家康は五大老、石田三成は五奉行に属している。

一　徳川家康

ここで徳川家康と石田三成について若干述べたいと思う。家康は、もとは松平《まつだいら》名字を名乗っており、三河の国衆《くにしゅう》の出身だった。松平氏は、賀茂《かも》郡松平郷（愛知県豊田市）を発祥としており、次第に版図を広げて岩津《いわづ》（愛知県岡崎市）を本拠とした。家康より六代前の松平信光《のぶみつ》は、嫡男の親長《ちかなが》に惣領の地位（岩津松平氏）を継がせた以外に、征服した安城《あんじょう》（愛知県安城市）に四男の親忠《ちかただ》を置くなどして庶家を多く輩出した。この親忠を祖とする安城松平氏が、家康へと続く系統である。その後、惣領の岩津松平氏は、駿府《すんぷ》（静岡市葵区）の今川《いまがわ》氏の侵攻もあって衰退し、安城松平氏が台頭していく。

家康の祖父にあたる安城松平清康《きよやす》（清孝）は、庶家の一つである岡崎《おかざき》松平氏を攻撃してこれを降し、岡崎（愛知県岡崎市）に本拠を移した。その後も足助《あすけ》（愛知県豊田市）、吉田《よしだ》（愛知県豊橋市）、田原《たはら》（愛知県田原市）などを攻略し、三河をほぼ手中に収めたといわれている。しかし、尾張の守山《もりやま》（愛知県名古屋市）へ侵攻中に家臣阿部大蔵《あべおおくら》の子弥七郎《やしちろう》に殺害される。

清康が攻撃していた守山の領主は、庶家の桜井《さくらい》松平信定《のぶさだ》と考えられている（平野二〇〇二）。信定は清康の叔父にあたる人物である。清康の横死後、信定は岡崎城へ入り、清康の子広忠《ひろただ》（家康の父）を追放。広忠が、東条吉良《とうじょうきら》氏や今川氏の援助を得て岡崎へ帰還できたのは、追放から二年後のことだった。

松平庶家の動向には家康も悩まされている。永禄《えいろく》三年（一五六〇）の桶狭間《おけはざま》の戦い後、家康が今川氏から自立した際、庶家の大給《おぎゅう》松平氏は今川方として活動した。永禄六年（一五六三）には老臣の酒《さか》井忠尚《いただよし》や、桜井松平家次《いえつぐ》（信定の孫）が反旗を翻し、東条吉良氏や西三河の一向一揆と共に家康を苦しめている。

仮に松平一族が一枚岩となっていたならば、松平氏はもっと早い段階で戦国大名化を遂げていたのではないだろうか。庶家を多く輩出したことが、松平氏の発展を妨げていたことは確かである。もっとも、こうした問題は松平氏に限ったことではないが、土地に根づいて自律性を保持する既得権者を如何にコントロールしていくかが家康の課題だったといえよう。

この問題は、家康が旧武田《たけだ》領の甲斐国・信濃国を併合して五ヶ国の大大名になったあとも存在した。新城《しんしろ》（愛知県新城市）の奥平《おくだいら》氏、江尻《えじり》（静岡市清水区）の穴山《あなやま》武田氏、そして信濃国の木曾《きそ》氏、小笠原《おがさわら》氏、真田《さなだ》氏が徳川領国下で自律性を保持していた。

家康は天正《てんしょう》十二年（一五八四）の小牧《こまき》の役で秀吉と対峙するが、のちに臣従する。豊臣政権に従属してからは、関東と奥羽の惣無事《そうぶじ》（紛争解決や統制）を任され、小田原《おだわら》の北条氏をはじめとする関東・奥羽の大名の取次を務めた。そして、天正十八年（一五九〇）七月、北条氏が滅んだことによって、秀吉から関東移封を命じられる。

関東移封によって家康は、これまで治めていた駿河・遠江・三河・甲斐・信濃の五ヶ国を全て手放すことになった。しかし、同時に自律性の高い領主たちも、根づいた土地から切り離されることになったのである（ただし、真田昌幸《まさゆき》は徳川氏の支配を離れて独立し、子信幸《のぶゆき》（信之）が徳川氏の与力《よりき》に付けられる）。

領地の総入れ替えによって家臣団の知行地《ちぎょうち》はリセットされた。さらに、豊臣政権の介入によって家臣団のパワーバランスも変化した。岡崎藩（本多家《ほんだ》）家老中根家《なかね》の史料《しりょう》『九六騒動記』に「井伊直政《いいなおまさ》十二万石、榊原康政《さかきばらやすまさ》十万石、忠勝《ただかつ》十万石は殿下(秀吉)御差図《さしず》にて下し給《たま》ふ所なり」とあるように、井伊直政の箕輪《みのわ》（群馬県高崎市）、榊原康政の館林《たてばやし》（群馬県館林市）、本多忠勝の万喜《まんぎ》（千葉県いすみ市）拝領には、秀吉の意向が働いていた。これは徳川氏に限られた特別な事例ではなく、細川氏の老臣松井康之《まついやすゆき》や、池田《いけだ》氏の老臣伊木忠次《いぎただつぐ》、堀《ほり》氏の老臣堀直政《なおまさ》、島津《しまづ》氏の老臣伊集院幸侃《いじゅういんこうかん》などに代表されるように、秀吉が老臣クラスの知行地に関与した事例は多く、豊臣政権の大名統制の特徴といえよう。

秀吉の意向によって井伊直政に十二万石、榊原康政と本多忠勝に十万石が与えられたが、徳川家臣団の中で十万石以上を有する者は、家康の子息を除くと「三傑《さんけつ》」と称される彼らのみである。

元来、徳川氏の筆頭家臣は酒井忠次《さかいただつぐ》だった。酒井氏は譜代の重臣であり、伝承によれば松平氏と同じく松平親氏《ちかうじ》を祖とする。家康が三河国を平定したあとは、吉田城の城代となって東三河の監督を任され、長篠《ながしの》の戦いや、小牧の役において大規模な別働隊を任されているように、家康の右腕というべき存在だった。

一方、井伊直政は遠江国の没落した国衆の出身であり、榊原氏や本多氏は譜代だったが、榊原氏は酒井忠尚の与力に付属されているように有力な家ではなく、本多氏も忠勝が誕生した翌年に父忠高《ただたか》が討死して衰退していた。彼らは家の力を背景としたのではなく、自らの才覚で頭角を現し、重用されたのである。小牧の役の頃には、直政は付属された与力の知行地を含めて四万石の勢力をもっていたとされており（小宮山二〇一五）、康政と忠勝も酒井忠次に並ぶ知名度を有していた（『家忠日記』）。この頃、家康は新たに重用した出頭人《しゅっとうにん》を主力とする体制へシフトしようとしていたと思われるが、秀吉の意向がなければ譜代の重臣との摩擦は避けられなかっただろう。徳川三傑は豊臣政権によって作られたといっても過言ではないのである。

細川氏や島津氏などでは、秀吉の死後、豊臣政権に取り立てられた老臣と当主の間で対立が生じたが、徳川氏では家康と三傑の対立は確認できない。これは、三傑が急速に出世したことが大きく関わっていよう。彼らは一代で急成長したため、元来有する家来の数は非常に限られており、十万石以上の領地を経営するにあたって、家康から付属された与力に支えられていた。井伊家の木俣《きまた》氏・鈴木《すずき》氏、榊原家の中根《なかね》氏・原田《はらだ》氏・村上《むらかみ》氏、本多家の都築《つづき》氏・中根氏・梶《かじ》氏といった家来衆上層部は家康よって付属された与力であり、三傑は自身の家中を統制するにあたって家康の後ろ盾が不可欠だった。豊臣政権による三傑の抜擢は、家康が当主権力の強化を図る上で都合がよかったと思われる。

こうして豊臣大名化した家康は、父祖以来の課題を克服して当主権力を強化し、約二百四十万石の版図を有する他の追随を許さない最有力の大大名として秀吉死後の権力闘争に臨むのである。

家康の人物としての特徴は、西洋技術への強い関心が挙げられる。家康は、秀吉の死から約三ヶ月後、捕縛されたフランシスコ会宣教師《せんきょうし》ヒエロニモ・デ・ジエズスと伏見（京都市伏見区）で面会した。ジエズスは、この時の様子を西暦一五九八年十二月二十日付けファン・デ・ガロビーリャス宛ての書簡に記しており、その中で家康を「新しい国王」と称している。この時、家康と同等の権限を与えられていた前田利家《まえだとしいえ》は健在であり、実際に伏見に赴いて家康と対面した人物による記述であるから、大変興味深い。

ジェズスは、自身が捕縛された理由を「スペイン船が家康の領地に行くことを（家康が）希望したため」と記している。豊臣政権の禁教政策の一環ではなく、家康がスペイン領だったルソンとの交易を図るため、取次としての役割を期待されて家康に探し出されたというのである。実際に家康は、ルソンとメキシコを結ぶ航路に関東を入れた通商圏の構築や、西洋式の大型船を入手して家康の側からもメキシコへ貿易船を出していくといった活発な対スペイン交易、そして精錬技術（アマルガム法）を導入して金銀を効率的に取得するという富国策を抱いており、スペイン側に要請を出している。

日本巡察師アレッサンドロ・ヴァリニャーノが西暦一五九九年二月二十二日付けでイエズス会総長クラウディオ・アクァヴィーヴァに宛てた書簡に「家康殿はかなり以前——まだ太閤様《たいこう》が存命中——にも、そのこと（メキシコ貿易）を修道士たちより聞いて可能であると思っていますので」とあるように、家康は秀吉の存命中から様々な構想を練っており、秀吉が歿したのを好機と捉えて熟成させた国際交易構想、富国強兵策の実現に向けて動き出したのである。

家康の西洋技術への関心の強さは、織田信長《おだのぶなが》ほど知られていないが、信長に劣らぬほどだった。由来が確かなものの中で、初めて南蛮胴具足《なんばんどうぐそく》が登場するは、関ヶ原の役であり、その全てが家康の所用や、家康から下賜されたものである（家康は本戦に南蛮胴具足を携行。その直前には、家臣の渡辺守綱《わたなべもりつな》、榊原康政に南蛮胴具足を与えている。黒田長政《くろだながまさ》にも歯朶《しだ》の前立《まえだて》の付いた南蛮兜を与えている〈池田一〇〇五〉）。関ケ原の役の頃、家康は少なくとも南蛮胴具足を三領、南蛮兜を一頭所持していたことになる。現在、織田信長がイラストで描かれる際、南蛮胴具足を着用しているものが多いが、本来は家康を描く際に用いられるべきものであるといえる。

家康所用の南蛮胴具足は、慶長《けいちょう》五年（一六〇〇）三月に豊後臼杵《うすき》（大分県臼杵市）に着岸したオランダ船リーフデ号に舶載されていた西洋甲冑を改良したものといわれている（近藤二〇一〇）。しかし、家康は、リーフデ号の航海士ウィリアム・アダムスらと大坂城で引見してから約二ヶ月半で会津征討のために大坂城を出発している。池田宏氏によると、紀州東照宮《きしゅうとうしょうぐう》に奉納された南蛮胴具足は、兜鉢《かぶとばち》、胴《どう》、肩当《かたあて》が舶載品であり、兜は英語でモリオン、イタリア語でツコット・アグッツォといわれる形式、胴はコルスレットといわれる腰までの歩兵用の胴甲《どうこう》で、いずれも一五七〇～八〇年代の北イタリア製、特に兜はミラノ製だった。そして、錣《しころ》、草摺《くさずり》は日本製である（池田二〇〇五）。いわば、和洋折衷の具足であり、舶載品をそのまま利用したのではなく、手を加えている（なお、本戦に携行された南蛮胴具足は日光東照宮に奉納されている）。

また、紀州東照宮に奉納された南蛮胴具足は、胴に十ヶ所の試し撃ちの弾痕があることを踏まえると、家康が手にした最初の西洋甲冑から作られた可能性が高く、家康は西洋甲冑の性能を試し、その防御力の高さを評価して実用化したと考えられる。南蛮胴具足は、目立つためのファッションとしてではなく、高い防御性能を誇った実戦的な武具として用いられたのである。そうであるならば、実用化に向けて試行錯誤したと考えられ、二ヶ月半という期間は不可能ではないにしても短すぎるように感じられる。

リーフデ号に艤載されていた十八門あるいは二十門といわれる大砲は、オランダ人乗組員と共にリーフデ号で関東へ廻航され、健康だったオランダ人乗組員は、砲手として会津征討に従軍させられたという（岡田一九八四）。家康が西洋技術の実戦投入に積極的だったことを示す事例の一つであるが、同時にリーフデ号に艤載されていた大砲を家康の家臣が扱えなかったことを物語っている。技術を習得させる時間はなかったのである。それを踏まえると、この短期間で和洋折衷の南蛮胴具足を生み出したとは考え難い。

日本における西洋甲冑の初見は、天正十九年（一五九一）閏一月八日（西暦三月三日）にヴァリニャーノが秀吉にインド副王メネーゼスの書簡や贈物を献上した時であり、贈物の中に「金の飾りを付けたきわめて華美で立派なミラノ（製）の白色の甲冑二領」が含まれていた（『フロイス日本史』）。この時の甲冑が家康に下賜されたのかはわからないが、何かしらの方法で家康は西洋甲冑を入手し、南蛮胴具足を完成させたと思われる。そして、日本に入ってきた西洋甲冑がスペイン領で製作されたものであることを踏まえると、家康がスペインに関心を持つきっかけの一つとなった可能性も考えられる。

いずれにしても、家康は西洋技術に関心の高い人物であり、西洋趣味にとどまることなく、西洋技術による富国強兵策を抱いていた。それは、リーフデ号が着岸した時によく表れている。西暦一六一一年十月二十二日付けでウィリアム・アダムスがイギリス東インド会社の同胞に宛てた書簡によると、リーフデ号が着岸した当時、言語の違いから意思の疎通ができなかったことにより、二、三日後に長崎からイエズス会士が通訳として派遣された。しかし、アダムスが「我々の最も恐るべき敵は通訳だった」と述べているように、イエズス会士とポルトガル人は、オランダとイギリスをどこの国民をも襲う強盗として、処刑すべきと家康に讒言したのである。

当時における西洋の国際事情を考えれば、当然の成り行きであり、また後年、イギリスが日本から撤退した要因の一つが海賊行為を禁止されたことであるのを踏まえれば、的外れな讒言でもなかった。そして、リーフデ号に船載された武器の数々は、アダムスたちを海賊と認識させるのに十分なものだったのである。

イエズス会だけではなく、臼杵の大名太田一吉《おおたかずよし》もリーフデ号の船載品を見て、その目的を通商ではなく戦闘行為にあると確信していた。したがって、このままアダムスたちが処刑される可能性は十分にあり、リーフデ号の乗組員たちもそう思っていた。

しかし、日本人にとって未知なる国だったオランダとイギリスに対して、家康は大いに関心を示し、イエズス会士たちの言い分だけではなく、アダムスからも話を聞いた。アダムスはその時の様子について「皇帝《(家康)》は国と国との間の戦争と平和に関するありとあらゆることを尋ねましたから、ここで逐一それを書くのは煩わしいくらいです」と述べている。

家康は、豊臣政権の執政として一件を処理したあと、リーフデ号の乗組員や舶載された西洋式武器を関東へ移して領内へ囲い込んだ。しかし、この行為は「内府ちかひの条々」で弾劾されておらず、豊臣政権の中枢にいた他の面々は、アダムスたちが持つ魅力や、彼らが齎《もたら》す利益に気が付いていなかったと思われる。

後年、家康の悲願だった西洋式船舶の建造をアダムスが成し遂げているように、この時に家康の得たものは大きい。一大名が対外交易によって私益を図ることは、肥後熊本《くまもと》（熊本県熊本市）の加藤清正《かとうきよまさ》ら西国大名にも見られることであり、特別なことではない。しかし、家康の場合は通商から得られる利益だけではなく、造船技術や精錬技術を導入する富国策を抱いていた。それが、家康が豊臣政権下のどの大名よりも勝っていた点であり、それゆえにリーフデ号着岸という好機を逃すことはなかったのである。

二　石田三成

石田三成は、近江国の坂田《さかた》郡石田《いしだ》郷（滋賀県長浜市）の土豪の出身とされる。父正継《まさつぐ》は北近江の戦国大名浅井《あざい》氏に仕えていたとされており、三成は、旧浅井領に入った秀吉に兄正澄《まさずみ》と共に仕えた。三成は早くから頭角を現し、天正十一年（一五八三）には上杉《うえすぎ》氏との交渉を増田長盛《ましたながもり》・木村吉清《きむらよしきよ》と共に務めている。三成が主に手腕を発揮したのは、諸大名との交渉や、豊臣政権に服属した大名を後見して指南《しなん》していく行政・外交面だった。

三成のイメージとしては、加藤清正らとの仲が悪いことに基づく「嫌われ者」としての評価が挙げられよう。三成は武将としての人気は今でこそ高いが、二十年前は比較にならないほど低く、「嫌われ者」としての評価は前面に出されていた。関ヶ原の戦いで西軍が負けたのは三成が清正や福島正則《ふくしままさのり》に嫌われていたのが原因とされ、三成がいなければ小山評定で正則が家康に味方することはなかったという評価が当たり前のようにされてきた。筆者は三成が最も好きな武将であることから、シミュレーションゲームで三成を使うことが多かったが、「魅力」というパラメータが設定されていた時は著名な武将とは思えないほど絶望的な数値だったのを記憶している。

今では三成の顕彰が進んで高い人気を得ているが、その要素は忠義心や行政手腕、あるいは容姿などであり、前面に出されることはなくなったとはいえ「嫌われ者」としてのイメージは未だ健在である。実際に清正や黒田長政には殺意を抱かせるほど嫌われていたため、そのイメージを払拭する必要はないようにも思える。

しかし、福島正則に関しては、確かに慶長四年閏三月に三成を訴えた七将に名を連ねてはいるが、清正や黒田長政のように殺意を抱いていた様子はない上、事件の前面には出てきておらず、清正らに同調したにすぎない印象がある。管見の限りでは、三成と正則の間でのトラブルは確認できず、また、関ヶ原の役の際に三成は正則を調略《ちょうりゃく》して味方に付けようとしているが、八月五日付け真田昌幸父子宛て石田三成書状を見る限りでは本気で調略が可能と思っていたふしがある（『真田家文書』）。三成と正則が対立関係にあったのは、あくまで政治的な立場の違いによるものであり、正則は三成に私怨を抱いてはいないように感じられる。

確かに三成を嫌う勢力は存在した。一方で西軍という組織を見た時、三成の人脈によるところが大きいのではないかと思えてならない。毛利氏、上杉氏、佐竹《さたけ》氏、島津氏、真田氏、相良《さがら》氏は、三成が奏者《そうじゃ》を務めた大名であり、大谷吉継《おおたによしつぐ》、小西行長《こにしゆきなが》は三成と交流が深い。

また、清須会議《きよすかいぎ》で登場した、幼名《ようみょう》の三法師《さんぼうし》の名で知られる岐阜《ぎふ》（岐阜県岐阜市）の大名織田秀信《おだひでのぶ》とも三成は交流がある。真田信幸に宛てた書状の中で三成は、信幸の領内にある草津《くさつ》（群馬県吾妻郡）へ秀信が湯治に向かうため、領内にいる家臣に案内をさせて欲しいと依頼。秀信が三成と信幸の仲を知り、（三成を介して）草津への案内を依頼することになったと経緯を説明すると共に、「（秀信は）拙者に目を掛けてくださっているので」と、秀信との関係を述べている。また、信幸に対しては「度々このようなお願いをして申し訳ない」と詫びている（『真田家文書』）。

八月五日付け真田昌幸父子宛て石田三成書状において三成は、尾張国の経略にあたっては秀信と相談の上、出兵するとしている。三成の秀信に対する信頼を垣間見ることができると共に、秀信も戦局を傍観するのではなく、三成と作戦を協議するほどの積極性を持っていたといえる。なお『改正三河《かいせいみかわ》後風土記《ごふどき》』には、秀信は会津征討に従軍しようとしていたが、日頃の軍備を怠っていたため、調達が間に合わず、遅れをとって従軍の機会を失っていたところ、三成からの誘いを受けたとする逸話が記されている。しかし、三成ら西軍が挙兵し、秀信に勧誘があったと思われる七月中旬は、美濃国の大名の大半が在国あるいは出陣して間もない状態であり、秀信が従軍の機会を失ったという話は疑わしく、後世の創作と考えられる。秀信は、もとより三成寄りの立場だったのである。

真田昌幸の去就についても三成の存在が大きく関わっていた。昌幸から西軍に味方する旨を受けた三成は、七月三十日付けで返書を書いている（『真田家文書』）。それによると、昌幸の書状は同月二十一日付けで出されており、二十七日に三成の領地である佐和山《さわやま》（滋賀県彦根市）に到着したという。通説に従うと、昌幸は七月二十一日に犬伏《いぬぶし》（栃木県佐野市）の陣中で、七月十七日付けで出された西軍の檄文《げきぶん》を受け取ったとされている。したがって、大坂から送られた檄文が四、五日ほどで犬伏にある昌幸の陣所に到着したことになる。それに対して、二十一日付けの昌幸の書状は、犬伏から佐和山に届くまでに六、七日の期間を要している。昌幸が進軍中だったため、大坂から派遣された使者にとっては、目的地（昌幸の陣所）の把握が難しいのに対して、昌幸から発せられた使者は佐和山城という目的地となる場所が明確だったことや、発着地間の距離を比較した場合、昌幸から三成へ送られた書状のほうが、期間が短くなるのが自然ではなかろうか。

家康や、会津征討に従軍するために下野国へ入っていた諸将は、二十一日の時点では西軍の檄文を把握しておらず、家康が把握したのは二十九日頃である（『黒田家文書』）。二十一日の時点で昌幸が檄文を受け取っていたならば、下野国に進軍している他の大名より早く届いたこととなる。しかし、画一的に発給された書状が昌幸にのみ迅速に届けられたとは考え難い。つまり、昌幸は檄文を受け取る以前に西軍に味方したことになる。檄文を受け取る前であるから、昌幸は西軍に毛利輝元らが属していることを正確には把握しておらず、噂として流れてきた三成と大谷吉継による反乱というレベルの認識で西軍に付くことを決めたことになる。

三成は七月三十日付けの返書で、挙兵の計画を事前に伝えていなかったことを昌幸に詫びている。詫びの文面が長く具体的であることから、実際に昌幸は計画を伝えられていなかったことに対して不満を露にしたと考えられる。だが、日本に拘留されていた朝鮮人の姜沆《カンハン》の記録『看羊録《かんようろく》』では、家康が上方《かみがた》を留守にした場合、加藤清正が挙兵すると目している。家康が上方を留守にした場合、上方で反乱が起きることは予想できることであり、昌幸がそれを全く考えていなかったとは思えない。昌幸にとって重大だったのは、真田氏の奏者だった三成が挙兵に関与していたことではないだろうか。三成が西軍との窓口となれば、論功行賞で有利な条件が期待できる。昌幸にとって三成は領土拡張を図るための糸口であり、三成が挙兵に関与していたことが、昌幸に西軍への加入を決断させたと考えられる。

常陸水戸《みと》（茨城県水戸市）の大名佐竹義宣《さたけよしのぶ》は、西軍として軍事行動は起こさなかったが、上杉景勝《かげかつ》と盟約を結ぶなど西軍寄りの立場をとった。また、前年（慶長四年）閏三月に三成と七将が対立した事件では、三成を護衛するために大坂に駆けつけて、伏見まで護送している。肥後人吉《ひとよし》（熊本県人吉市）の大名相良頼房《さがらよりふさ》（長毎《ながつね》）は、本戦が終結するまで西軍として行動しており、最終的に東軍に転じたが、後年、領内に三成らの供養塔を建立している。

東軍に与した大名でも、陸奥堀越《ほりこし》（青森県弘前市）の大名津軽為信《つがるためのぶ》は戦後、三成の二男重成《しげなり》を領内に匿《かくま》い、真田信幸は三成の書状を廃棄することなく『真田家文書』に残している。三成が滅亡してもなお、三成との繋がりを軽視することはなかったのである。

三成は、奏者や指南を務めた大名とは非常に上手くやれている。三成と同様の役割を担った者として浅野長政《あさのながまさ》（長吉《ながよし》）が挙げられるが、長政は与力だった陸奥岩出山《いわでやま》（宮城県大崎市）の大名伊達政宗《だてまさむね》から、文禄《ぶんろく》五年（一五九六）八月に絶交状を突きつけられる。政宗はその後、三成を頼っているが、両者の関係は良好だった。また、長政の与力だった下野宇都宮《うつのみや》（栃木県宇都宮市）の大名宇都宮国綱《くにつな》が改易された事例を踏まえても、長政と比較とした場合、三成は奏者として非常に頼りになる存在であり、相手からも感謝されていたといえるのである。

三成は、秀吉の手足として豊臣政権の施策に携わり、また諸大名の領国運営を手助けするなどして影響力を発揮した。一方で豊臣大名化を遂げて当主権力を強化した家康は、諸大名から抜きん出た立場を政権下で維持し、独自の影響力を発揮した。加藤清正は、文禄の役の講和問題で秀吉から譴責《けんせき》された際、家康と利家の取り成しを受けている（『大阪青山歴史文学博物館所蔵文書』）。家康と三成、二人の立場は異なるが、秀吉の存命中、それぞれの立場で諸大名を手助けし、影響力を発揮した。これが秀吉死後の権力闘争に少なからず影響したことは想像に難くない。

第一章　秀吉が整えた「遺言体制」
――五大老・五奉行

一　五大老・五奉行の力関係と官位

序章で述べたように絶対的権力者である秀吉の死期が近づくにつれて、豊臣政権は政治機構の構築が急務となった。そして、設けられたのが五大老・五奉行である。第一章では、五大老・五奉行をはじめ、秀吉が死に臨んで整えた「遺言体制」というべき政治構造について見ていきたい。

五大老・五奉行の構成員は次の通りである（石高は『慶長三年大名帳』に記載されている石高を基準とした）。

五大老
徳川家康　内大臣《ないだいじん》　二百四十万二千石

前田利家《まえだとしいえ》　権大納言《ごんのだいなごん》　七十七万石（長男利長《としなが》領、二男利政《としまさ》領を含む）
宇喜多秀家《うきたひでいえ》　権中納言《ごんのちゅうなごん》　四十七万四千石
上杉景勝《うえすぎかげかつ》　権中納言　九十一万九千石
毛利輝元《もうりてるもと》　権中納言　百二十万五千石

五奉行
前田玄以《まえだげんい》　徳善院僧正《とくぜんいんそうじょう》　五万石
浅野長政《あさのながまさ》　弾正少弼《だんじょうしょうひつ》　二十一万七千石
増田長盛《ましたながもり》　右衛門尉《えもんのじょう》　二十万石
石田三成　治部少輔《じぶのしょう》　十九万四千石
長束正家《なつかまさいえ》　大蔵大輔《おおくらたいふ》　五万石

五大老は武家清華《せいが》家の家格を有する諸侯《しょこう》で構成されているが、五奉行は秀吉直属の吏僚的な性格を持った大名で構成されている。

序章で紹介した家康と三成を例に、五大老と五奉行の構成員が就任した官位および石高を比較すると、家康が正二位《しょうにい》、内大臣、二百四十万二千石なのに対し、石田三成は従五位下《じゅごいのげ》、治部少輔、十九万四千石だった。家康の石高は五大老の中でも抜きんでているが、五大老と五奉行の構成員の間で、官位と石高の両面で明確な差があったことに変わりはない。こうした背景があってか、通説では五奉行が五大老の下部組織として位置づけられているが、それは正しいのだろうか。

慶長の役という対外戦争の最中に絶対的権力者を失った豊臣政権にとって、家康ら有力な諸侯の協力は混乱を避ける上でも必要不可欠だった。しかし、秀吉自身、織田氏の権力を簒奪《さんだつ》した経験を有していることから、諸侯に秀頼の補佐を委ねる危うさもわかっていたはずである。イエズス会の史料『一五九八年十月三日付け、長崎発信、フランシスコ・パシオのイエズス会総長宛て、一五九八年度、日本年報』（以下『九八年度年報』と表記）は、秀吉の家康に対する警戒を次のように記している。

［史料1］

国王（太閤様）は、伏見に滞在していた（一五九八年）六月の終りに赤痢《せきり》を患い、よくあることだが、時ならず胃痛を訴えるようになった。当初は生命の危険などまったく懸念されはしなかったが、上記のように八月五日に病状は悪化して生命は絶望とされるに至った。だが太閤様はこの時に及んでも、まるで健康体であるかのように、不屈の剛気と異常な賢明さで、［従来、万事においてそうであったのだが］身辺のことを処理し始めた。そして太閤様は、自分（亡き）後、六歳になる息子（秀頼）を王国の後継者として残す（方法）について考えを纏めあげた。太閤様は、関東の大名で八カ国を領有し、日本中でもっとも有力、かつ戦さにおいてはきわめて勇敢な武将であり、貴顕の生まれで、民衆にもっとも信頼されている（徳川）家康だけが、日本の政権を簒奪しようと思えば、それができる人物であることに思いを致し、この大名（家康）に非常な好意を示して、自分と固い契りを結ばせようと決心して、彼が忠節を誓約せずにはおれぬようにした。

秀吉の家康に対する好意は、警戒心の裏返しとしている点が興味深い。また、『一五九九年十月十日付け、日本発信、巡察師アレシャンドゥロ・ヴァリニャーノのイエズス会総長宛て、一五九九年度、日本年報』（以下『九九年度年報』と表記）には次の記述がある。

［史料2］

ところで太閤様は（先年記したように）、驚異的な賢慮をもって日本国全土の体制を整えた。彼はこれによって、己が権力ある国が、自分の幼少の息子が成年に達するまで続くことを軽々しい予測なしに確信したのであった。彼は大名たちを親戚関係によって己が一族と縁組みさせ、また自分が定めたことは順次後代に至るまで誠実に遵守すべきことを誓約するように強制した。これによって日本人は、太閤様の息子が父親の相続権をわきまえるにふさわしい年齢に達するまでは、自分たちは安全で静かな平和を維持するであろうと考えた。彼は日本人の間でもっとも権力をもった八カ国の国主（徳川）家康の孫娘を自ら息子（秀頼）と結婚させて、家康に主君（秀頼）の後見役と、日本国全土の統治を任せ、その同僚として四名の重立った家老を与えた。彼はこうすることによって多くの者がこの栄誉に参画し、国家を統治する権力においては同等のようにして互いに平和を保つようにした。なぜなら彼は、彼らが血縁と姻戚関係の非常に緊密な絆によって結ばれていることを知って、彼らに意見の不一致や不和の余地は少しも残っていないと考えたからである。しかし、彼は五大老の権力が強すぎはしないかと疑問を抱き、彼が大いなる栄誉へ抜擢した寵臣たちの中から、五（奉行）を選んだ。（五奉行）は主君なる己が息子（秀頼）のことを特別に面倒をみてやり、また家族のことや、さらには日本全土のことを司って、重要な事項のすべてを（徳川）家康とその四名の同僚に報告させることにした。それゆえ後者の五（奉行）が、日本国の統治者としての栄誉ある称号と名前を得ていた。しかし誰よりも太閤様の寵愛を得ていた（徳川）家康が頭となっていた後者《ママ》の五（大老）が国家全体の鍵を掌握し、統治権を司っていた。

イエズス会の宣教師たちは、家康と同等の立場の者をつくるために五大老を置き、また五大老を牽制するために五奉行を置いたと捉えていた。彼らは、秀吉が「新八幡《しんはちまん》」として祀《まつ》られることを希望していたことも把握していることから、強力な情報ルートを有していたと推測できる。また、イエズス会の宣教師であるジョアン・ロドリゲスが、病床の秀吉に謁見《えっけん》を許されている点は、イエズス会側が得ている情報の信憑性《しんぴょうせい》が高いことを裏づけている。秀吉の遺言の中でも政権運営に関する部分については、伝聞《でんぶん》に基づいたものと考えられるため、どこまで真相を語っているかはわからないが、秀吉が家康をはじめとする有力な諸侯の力を警戒しており、五大老の力を牽制するために直臣《じきしん》で固めた五奉行を設置したというのは真相を突いているのではないだろうか。

また、大名の立場の高下を論ずる場合、奉行衆のような秀吉直属の大名を武家官位制のみをもって評価することは適切とはいえない。確かに、豊臣政権の大名統制は、朝廷の官位を利用した武家官位制が一つの柱となっている。摂関家《せっかんけ》である豊臣家を頂点とし、次に太政大臣《だじょうだいじん》や近衛大将《このえのだいしょう》になる資格を有する家格である「清華成《せいがなり》」を果たした大名家（武家清華家）がその下に位置する。徳川家康ら大老衆が武家清華家にあたる。その次に侍従《じじゅう》以上に任官した「公家成《くげなり》」の大名が位置し、その下が四位・五位の「諸大夫成《しょだいぶなり》」の大名である。

武家清華家の大老衆と、諸大夫の奉行衆では格の違いは歴然としているように感じられる。しかし、秀吉直臣と諸侯との比較において、武家官位制は立場の高下を測る指標として必ずしも適切とはいえない。

周知のように、秀吉は関白《かんぱく》を頂点とする政権を樹立した。そのため、豊臣政権には必然的に朝廷の制度に順応しなくてはならない部分が少なからず生じることとなる。増田長盛と石田三成は、後陽成《ごようぜい》天皇《てんのう》の聚楽第行幸《じゅらくていぎょうこう》の際に秀吉に随身する騎馬行列の左右の先頭を務めた（『聚楽行幸記』）ように、秀吉の従者としての性格を有している。朝廷の制度では、関白の従者は諸大夫の家格だったため、秀吉を周囲で補佐する三成や長盛の官位は、職務の必要上、諸大夫にとどめられたといえよう。

また、秀吉直臣と諸侯との関係をみても、武家官位制が立場の高下を必ずしも正確に反映したものではないことがわかる。三成は、「公家成」の大名である島津氏の奏者を務め、指南も行っている。島津義久《よしひさ》（龍伯《りゅうはく》）は島津忠恒《ただつね》と義弘《よしひろ》（惟新《いしん》）へ宛てた書状で、奉行衆について「徳善院《(玄以)》・増田殿・長束殿」と述べ、三成の敬称は「治少様」としている（『島津家文書』）。島津氏が後見的な立場にある三成を特別な存在として認識していることがわかるほか、ほかの奉行衆に対しても「殿」付きの敬称を用いている点が重要である。

次いで、権中納言に任官した宇喜多秀家・上杉景勝・毛利輝元と、奉行衆の関係を見ていきたい。秀吉の死の翌月である九月三日付けで宇喜多秀家が西笑承兌《せいしょうじょうたい》に宛てた書状によると、承兌は安国寺《あんこくじ》恵瓊《えけい》と共に連判者（大老衆・奉行衆）の判形《はんぎょう》（花押）を集めており、それに対して秀家は、「おとな衆」（奉行衆）の判形が揃ったところで、自らも花押を据えると告げている（『西笑和尚文案（紙背文書）』）。

秀家は、自身のほうが奉行衆よりも立場が上であるという自覚があったようである。『一五九九年—一六〇一年、日本諸国記』（以下『日本諸国記』と表記）において、五大老が「上級（maiores）奉行（governador）」、五奉行が「下級（menores）奉行（governador）」と表現されているように、第三者から客観的に見た場合、五大老が五奉行よりも上位に位置することは明らかであり、秀家の認識は現実と乖《かい》離《り》したものではなかった。

しかし、慶長五年（一六〇〇）七月二十九日に出された三奉行（前田玄以・増田長盛・長束正家）の連署状（『真田家文書』）では、輝元と景勝に敬称はなく、その翌日付けの大谷吉継《おおたによしつぐ》書状（『真田家文書』）も「年寄衆《奉行衆》、輝元、備前中納言殿《宇喜多秀家》、島津、このほか関西の諸侍」と、輝元に対して敬称を省いている。

三成と増田長盛は、上杉景勝の奏者を務めており、文禄三年（一五九四）の秀吉の上杉邸御成に際して三成・長盛からの連絡を待っていた景勝が「御両所《三成・長盛》より何とも仰《おお》せ越《こ》されず、御心元《おこころもと》なく存じ候」と述べているように、秀吉（あるいは豊臣政権）との関係を円滑にするためには、三成・長盛の協力が不可欠だった。

毛利輝元も、文禄四年（一五九五）に誕生した実子松寿丸《しょうじゅまる》（秀就《ひでなり》）を跡継ぎとする代わりとして、養嗣子だった秀元《ひでもと》に与える領地の割譲《かつじょう》問題において、三成・長盛に指南を仰いでいる。

武家官位制は、諸侯の立場の高下を測る上では指標となり得るが、秀吉直臣については、その人物の周囲（秀吉や諸侯）との関係性から個々にその権力を評価する必要がある。

また、諸侯同士の比較においても武家官位制が絶対的な指標になるとは言い難い事例がある。宇喜多秀家と毛利輝元は共に権中納言であるが、こうした場合は任官順が連署《れんしょ》の序列に反映される（矢部二〇一一）ため、秀家のほうが輝元より上位となる。しかし、輝元の家臣である内藤隆春《ないとうたかはる》（周竹）が、慶長三年八月十九日に出した書状（『萩藩閥閲録《はぎはんばつえつろく》』）によると、秀吉は歿する前に「東国と西国は家康と輝元、北国は利家、五畿内は五奉行が間違いなく扱うならば問題はない」と語ったとあり、輝元は家康、利家と並ぶ存在として位置づけられている。

もっとも、この言葉に如何ほど実効性があったかは疑問がある。しかし、周知の通り、秀家と輝元は共に関ヶ原の役で西軍だったが、総大将を務めたのは輝元である。また、前述の内藤隆春の書状によると「輝元は秀家のことを目にかけてやること、そして万が一、秀家に心得違いなどがあった場合は首を斬ること」と、秀吉は輝元に秀家の後見を命じていた。

そして前述の通り、輝元は権中納言の任官順で秀家、景勝より後れを取っているため、五大老連署状における連署の序列は両者より下であるものの、秀吉が五大老へ宛てた遺言状（『毛利家文書』）の宛所の序列は、家康、利家、輝元、景勝、秀家の順であり、輝元は三番目に位置づけられている。また、早稲田大学図書館所蔵の秀吉遺言覚書も同様の序列となっており、秀吉が輝元を三番目の実力者として位置づけていたことは疑いない。前述の「東国と西国は家康と輝元、北国は利家、五畿内は五奉行」という秀吉の言葉は、何ら根拠なく発せられたものではなく、自身の構想に基づいて発せられたのである。

ほかの史料にも東国・西国・北国の大名という言葉は見られることから、当時、地方区分として東国大名、西国大名、北国大名という概念があったといえる。秀家も輝元も共に西国大名であるが、西国の代表となり得るのは輝元であり、秀家のほうが輝元より絶対的に優位だったわけではない。諸侯の比較においても武家官位制が絶対的な指標になるとは言い難く、経済的実力や、これまでの政権内での立場などを加味して行う必要がある。

それゆえ豊臣政権において、特に秀吉直臣については、個々の政治的立場から評価する必要がある。三成と輝元・景勝の関係を見ると、三成が必ずしも彼ら有力大名の下に位置していたわけではない。こうした点や、秀吉の有力大名に対する警戒心、そして内藤隆春の書状において「五畿内は五奉行」とあるように、五奉行は家康、利家、輝元と並ぶ存在であるばかりか、地方を任された家康らとは異なり中央を任されている点を踏まえると、秀吉が五奉行を五大老の下部組織としたとは考え難い。五奉行には五大老に対抗できる力が与えられ、相互が牽制あるいは補完し合うように権限が分けられていたのである。

二　当時における五大老・五奉行の呼称

秀吉の遺言を記した史料は三点存在する。一点目は『毛利家文書』にあり、秀吉が五大老へ宛てた直筆《じきひつ》遺言状の写《うつし》である（以下「遺言A」）。残り二点は覚書であり、『浅野家文書』のもの（以下「遺言B」）と、早稲田大学図書館所蔵のもの（以下「遺言C」）が存在する。「遺言B」は病床の秀吉が傍らにいた奉行衆・女房衆に対して語った遺言を文書にしたものである。「遺言C」は、清水亮氏によると家康に近い政治的立場にあった宮部長熙《みやべながひろ》（または父継潤《けいじゅん》）によって家康に職務を知らせるために作成されたという（清水二〇一一）。つまり、「遺言B」と「遺言C」は秀吉の遺言を書き留めたものには違いないが、作成者の主観が入ったものであり、それは「大老」「奉行」の呼称において顕著に表されている。

五大老・五奉行については、当時における呼称に関して阿部勝則氏による問題提起と、堀越祐一氏の反論がある。阿部勝則氏は、「遺言B」を論拠に当時は五奉行が「年寄《としより》」、五大老が「奉行」と呼称されたとした（阿部一九八六）。しかし、堀越祐一氏の反論により、三成ら五奉行が五大老を「奉行」と呼称し、自ら（五奉行）を「年寄」と自称。一方で家康は、慶長四年中頃に五奉行を「年寄」と呼んだ一例を除けばその呼称を用いておらず、その後は一貫して五奉行を「奉行」と呼称しており、自身を「奉行」と呼称したことは一度としてなかったことが明らかにされている（堀越二〇一六）。

「遺言B」は五奉行を「年寄」、五大老を「奉行」と記し、「遺言C」は五奉行を「奉行」と記し、五大老については「五人」と記されている。この違いは、「遺言B」が五奉行である浅野氏の視点で作成されたからであり、「遺言C」は徳川氏に近い立場の宮部氏が作成したゆえに生じたものと考えられる。したがって、「大老」「奉行」の呼称において、真に秀吉の意思が反映されているのは「遺言A」のみである。

［史料3］

秀より《（頼）》事なりたち候やうに、此かきつけ《（書付）》候しゆ《（衆）》として、たのミ申し候、なに事も此《この》ほかにわ、
おもい《（思）》のこす《（残）》事なく候、かしく、
（追而書）返々《かえすがえす》、秀より《（頼）》事たのミ申し候、五人のしゆ《（衆）》たのみ申し候く、いさい《（委細）》五人の物《（者）》ニ申しわた
し候、なこり《（名残）》おしく候、以上

「遺言A」は、八月五日付けで家康・利家・輝元・景勝・秀家の五大老に宛てて出されている。追伸にあたる追而書《おってがき》に、五大老・五奉行を指す言葉として、五大老を「五人のしゆ（衆）」、五奉行を「五人の物（者）」と呼んでいる。したがって、秀吉の言葉からは、役職（五大老・五奉行）の名称を確認することができない。

秀吉の死から十日後の八月二十八日、毛利輝元が石田三成・増田長盛・長束正家・前田玄以の四奉行に宛てた誓紙では、五大老は「奉行」と記されている（『毛利家文書』）。この誓紙は、原案や加筆は三成の手によって成されているため、文面は奉行衆の意思が反映されているが、これに判形を加えた輝元は奉行衆側の考えを甘受《かんじゅ》したと見ることができる。

このほか、輝元は、関ヶ原の役の最中の慶長五年七月二十九日に真田昌幸へ宛てた書状（『真田家文書』）で、奉行衆を「年寄」と呼称、二日前の七月二十七日付けで青木一矩《あおきかずのり》（重吉）へ宛てた書状（『大

阪城天守閣所蔵文書』）でも、奉行衆は「年寄」、大老衆は「奉行」と記されている。これらも奉行衆の主導で文面が作成された可能性が高いが、輝元がそれに判形を加えている点は重要であり、五奉行を「年寄」、五大老を「奉行」とする呼称を輝元は認めていたのである。

また、前述した九月三日付け西笑承兌宛て宇喜多秀家書状では、文面も秀家が作成したと考えられるため、そこにおいて五奉行が「おとな衆」と呼称されている点は注目される。輝元や秀家は、五奉行を豊臣政権の「年寄」とする秩序を認めていたといえるだろう。

輝元や秀家は、奉行衆を「年寄」とする呼称を認めていたが、輝元の家臣である内藤隆春は、五奉行を「五人之奉行」と呼称（『萩藩閥閲録』）。上杉景勝や、諸大名の中でも五奉行の立場を尊重していた伊達政宗や加藤清正も奉行衆を「奉行」と呼称している（『越後文書宝翰集』『伊達家文書』『松井文庫所蔵文書』）。

寺社勢力も奉行衆を「奉行」と呼称している。醍醐寺《だいごじ》の座主《ざす》義演《ぎえん》の『義演准后日記《ぎえんじゅごうにっき》』慶長五年三月十七日条には「三奉行衆、上洛云々《うんぬん》」と記されている。「三奉行衆」は、増田長盛・長束正家・前田玄以の三人を指している（『北野社家日記《きたのしゃけにっき》』）。また『北野社家日記』同年七月十七日条には「大坂城へ御奉行衆が全て籠ったとの情報が届いた。輝元も上洛するとの情報も届いた」といった内容が記されている。「御奉行衆」が全て大坂城へ籠ったとしたあとに「輝元」と続くので「御奉行衆」は増田長盛ら三奉行を指していよう。

このように、奉行衆、あるいは奉行衆に近い立場にいる者を除いては、五奉行を「奉行」と呼称するのが一般的だったといえる。『九八年度年報』に「太閤様はその後、四奉行に五番目の奉行として浅野弾正を加え、一同の筆頭とした」とあるように、秀吉の死に際して、従来から秀吉を支えていた四人の吏僚に、浅野長政を加えて機構として整備したのが五奉行だった。五奉行の成立には、秀吉が健在の時からの延長があり、秀頼の若年を理由として急拵えで設けられたものではない。実際、『義演准后日記』慶長三年三月九日条、同年四月四日条においても、前田玄以・増田長盛・長束正家が「三奉行」と呼称される事例が確認できるように、秀吉の生前から三成らは「奉行」だった。つまり、奉行衆を「奉行」と呼称するのは、彼らの「年寄」としての立場を認めるか否かというよりは、秀吉の代からの延長によるところが大きく、むしろ、こちらのほうが自然だったのである。

一方、五大老については、わずかではあるが大老衆を「年寄」と呼称した事例があり、管見の限りでは三点存在する。一点目は、秀吉の死の一ヶ月前の七月二十二日付けで家康が前田利家に宛てた書状（『村上氏旧蔵文書』）であり、家康は自身を「年寄」と呼称している。家康が自身を豊臣政権の最有力者であることを自覚していた表れといえる。

二点目は、慶長五年八月二十日に加藤清正が細川氏の老臣松井康之・有吉立行《ありよしたつゆき》に宛てた書状（『松井文庫所蔵文書』）で、康之らから「奉行衆・年寄衆よりの書状」を提供されたことを感謝している。具体的には、八月四日付けの四奉行連署状および二大老連署状（『松井文庫所蔵文書』）を指している。これだけでは、「奉行」「年寄」がいずれを指すか判然としないが、清正が七月二十七日付けで松井康之らへ宛てた書状（『松井文庫所蔵文書』）に「越中殿《(細川忠興)》御身上の儀、秀頼様より曲事《くせごと》に思し召され候由にて、丹後国へ隣国《りんごく》衆を差し遣わし、城請取《うけとり》候へと、奉行衆より申し付られ候由候」「丹後へ遣わし、上使《じょうし》衆への触状《ふれじょう》の写《うつし》、これに進《しん》ぜ候」とあり、奉行衆が別所吉治《べっしょよしはる》に細川領である丹後攻撃を命じた書状の写《うつし》（『松井文庫所蔵文書』）が清正から康之らに提供されていることから、「奉行」は奉行衆を、「年寄」は大老衆を指していることがわかる。

三点目は、慶長三年十一月六日の島津義久書状（『島津家文書』）で「御老中衆ならびに御奉行衆より御感状《かんじょう》候」と記している。義久は後年（慶長八年二月十九日）の書状（『島津家文書』）で「去の年、御奉行衆の下知にしたがい、すでに濃州大柿《(垣)》へ至、当家も出陣せしめ」と記していることから、「奉行」は奉行衆を指していることがわかるので、「老中」は五大老を指すといえる。

家康、清正、義久の事例はあるものの、家康に近い政治的立場にあった宮部氏の作成と考えられている「遺言C」においても五大老に「年寄」の呼称が用いられず「五人」と記されているように、一般的には五大老を「年寄」と呼称することはなかったと思われる。あくまで五大老は豊臣家の家政から見れば枠外の存在であり、諸侯を代表した五人衆として捉えるのが妥当だろう。家康、清正、義久の事例は、あくまで個人の主観によって記されたものであって、五奉行サイドが五大老を「奉行」と呼称したことを除けば、五大老に「奉行」「年寄」といった呼称を用いないほうが大多数だったのではないだろうか。

　そして、五奉行については、誓紙をはじめとする政権の公式文書に「長衆《おとなしゅう》」「年寄」の呼称が用いられているとはいえ、一般的には「奉行」と呼称されているように、その呼称は曖昧であり、当時においては五大老・五奉行に明確な職名はなかったと考えられる。

三　秀吉遺言覚書に見る五大老・五奉行の職掌

　前述のように、秀吉が五奉行を五大老の下部組織としたとは考え難く、五大老と五奉行は相互に補完し合うように権限が分けられていた。

「遺言A」は、五大老に宛てた書状であるため、五大老に後事を頼む内容となっているが、直臣で構成された五奉行はすでに「いさい（委細）」を託されていた。書かれた内容が、病床の秀吉の筆によるものであり、長文を書ける体調だったかという点を留意しなくてはならないが、大老衆は秀頼を支えていくことを頼まれた簡単な内容にとどまっており、「いさい（委細）」を託された奉行衆と比較すると秀吉との距離が感じられる。「遺言A」には、五大老を五奉行より絶対的優位に位置づけ、五大老が五奉行を使役する体制を構想していたという印象はない。

　次に「遺言B」を見ていきたい。「遺言B」は、秀吉の発給文書ではないものの、秀吉の言葉を書き留めたものであるため、五大老・五奉行、それらを構成する面々に期待された役割を細かく知ることができる。「遺言B」は全十一ヶ条のうち、一条目は家康に関する内容で、二条目が前田利家、三条目が徳川秀忠《ひでただ》、四条目が前田利長、五条目が宇喜多秀家、六条目が上杉景勝と毛利輝元、七条目と八条目、九条目が五奉行、十条目が伏見の統治、十一条目が大坂の統治といった順で記されている。内容は次の通りである。

[史料4]

太閤《(秀吉)》様が御患いになられていた時に仰せ置きなされた（言葉の）覚

一、①常日頃、内府《(家康)》が律儀なのを（秀吉が）御覧になり、また、近年は豊臣家と懇意であるため、秀頼様を孫婿とした。よって（家康は）秀頼様を盛り立てるようにとの（秀吉の）御意である。これは、大納言《(利家)》殿と年寄《(奉行)》衆五人が同席している所で（秀吉が）たびたび仰せだった。

一、②大納言殿は幼馴染みであるため、律儀であることを（秀吉は）わかっているので、秀頼様の守役《もりやく》とした。よって（利家は秀頼を）盛り立てるように。これは、内府と年寄《(奉行)》五人が同席している所で（秀吉が）たびたび御意を伝えていた。

一、③江戸中納言《(秀忠)》殿は秀頼様の舅《しゅうと》であり、また、内府は高齢であるため、（家康の）体調が良くない時は、内府のごとく秀頼様に尽力するように。これは、右の衆（家康・利家・五奉行）が同席している所で（秀吉が）御意を伝えた。

一、④大納言殿が高齢で病気がちであるため、羽柴肥前殿《(利長)》を同様に秀頼様の守役とした。（利長は）内実共に有難いことと思い、御身《(利家)》に代わって（秀頼に）尽力するようにと（秀吉が）仰せになった。そして、権中納言に昇進させ、橋立《はしだて》の壺と吉光《よしみつ》の脇差《わきざし》を下賜《かし》し、（利長領内の）十万石を無《む》役《やく》となさった。

一、⑤備前中納言殿《(秀家)》は、幼少より（秀吉に）取り立てられているので、秀頼様のことから逃れることはできない。御奉行《(五大老)》五人として、また、おとな《(五奉行)》五人の中にも入って、皆が円満になるように贔屓偏頗《えこひいき》なく仲を取り持つようにとの（秀吉の）御意である。

一、⑥景勝と輝元は律儀なので、秀頼様を盛り立てて欲しい。輝元へは直接、御意を伝え、景勝は国許にいたため、皆に言い置いた。

一、⑦年寄《(奉行)》五人は、法度《はっと》に違反しているとの訴えが起きた場合、提《さ》げ鞘《ざや》の体《てい》（武装せずに衣装用の短い腰刀だけの出立）で罷り出て、双方に意見して仲裁を行うこと。もし、不届きな輩があっても、斬り捨てるようなことがあれば、切腹処分もしくは上様《(秀吉)》に斬られることになると心得ること。また、顔面を叩かれたり、草履《ぞうり》を直すような屈辱を味わっても秀頼様のためを思って耐えて尽力するようにとの（秀吉の）御意である。

一、⑧年寄《(奉行)》五人は、財政をきちんと処理し、内府と大納言殿の検閲を得ること。そして、両人の承認を得た文書を保管し、秀頼様の成人後、秀頼様から財政について尋ねられた時、それを披露するようにとの（秀吉の）御意である。

一、⑨（五奉行は）如何なることも内府と大納言殿の意見を聞いてから決めるようにとの（秀吉の）御意である。

一、⑩伏見には内府がとどまり、様々な面において面倒をみるようにとの（秀吉の）御意である。城の留守居は徳善院（玄以）と長束大蔵（正家）が務め、内府から希望があれば何時《いつ》でも天守に至るまで上げるようにとの（秀吉の）御意である。

一、⑪大坂には秀頼様がいるので大納言殿がとどまり、全てにおいて面倒をみるようにとの（秀吉の）御意である。御城の番は皆で務めよと（秀吉が）仰せになった。大納言殿から希望があれば何時《いつ》でも天守に至るまで上げるようにとの（秀吉の）御意である。

右の一書《ひとつがき》のとおり、年寄衆（奉行）、そのほか御傍《そば》にいた女房衆が御聞きになりました。以上。

五大老の内、宇喜多秀家を除いた四人が律儀と評されており、本当に秀吉が彼らを律儀者と思っていたというよりは、秀頼を盛り立てて欲しいという願望から出た言葉というニュアンスのほうが強いだろう。なお、秀家に律儀という表現が用いられていないのは、五条目に書かれているように、幼少から秀吉に面倒をみてもらっている恩がある以上、恩を返さなくてはならないという拘束力があるため必要がなかったものと考えられる。

五大老メンバーの役割を整理すると、まず、伏見に家康を、大坂には利家を配置して監督を命じた。また、両者はすでに老齢に達しているため、後任に息子の秀忠と利長が定められている。

なお、石田三成や浅野長政が失脚したあと、石田重家《しげいえ》や浅野幸長《よしなが》が奉行職に就いていないように、大老・奉行職は個人に与えられたものであり、基本的に世襲はできなかったと思われる。例外として、秀吉が遺言で指定した秀忠と利長のみが大老の地位を継ぐ権利を有しており、基本的に成員の脱退は員数の減少を意味した。

四条目で利家が病気がちと記されているように、すでにこの時期の利家は病んでおり（『村上氏旧蔵文書』）、翌年の閏三月三日に歿してしまうため、例外として認められた世襲が実際に行われることになる。利家が五大老として連署している事例は、慶長四年二月十二日（『毛利家文書』）を最後とし、利長は慶長四年閏三月三日（『毛利家文書』）を連署の初見とするため、世代交代が行われたタイミングを明確に判断することはできない。しかし、秀吉から与えられた大老の地位を成員の意思で譲渡が可能かを考えた場合、答えは否となる。そのため秀吉は、こうした事態を見通して利長に利家の代行を行う権限を与えたのだろう。そして、利長の五大老としての連署の初見が閏三月三日付けである点も意味を成していよう。第二章で述べるが、閏三月三日は大坂・伏見で不穏な空気が流れており、また利家が歿するという大事に直面しているため、この日に連署状の本文が作られ、連署者の判形が集められたとは考え難い。本文は閏三月三日以前に一度作成されたものの、判形が集まる前に利家が歿したため、利長の判形が有効となる閏三月三日付けのものを作成した上で判形が集められたと推測できる。利家から利長への世代交代は、利家の死に伴って秀吉の遺言に基づいて行われたのである。

十条目、十一条目に、家康と利家は希望すれば天守に至るまで城に上がることができるとあるが、逆にいえば彼らは伏見城・大坂城に在城することが不可能だったことを示している。このことは、慶長四年閏三月に三成が失脚したのち、伏見城に入城した家康を『多聞院日記《たもんいんにっき》』が「天下殿に成《な》られ候」と表現したのを見れば、それ以前の家康は伏見城を居所としていなかったことが裏づけられる。一方で前田玄以と長束正家は伏見城の留守居に指名されている。十一条目で大坂城の番を任された「皆」の指す範囲がわかりづらいが、「遺言C」に「五奉行の内、二人を大坂城の留守居とすること」とあることから、五奉行を指しているといえる。五大老はあくまで諸侯の代表であり、豊臣家の財産である城は直臣である五奉行に委ねられたということだろう。

宇喜多秀家については、五大老に身を置きながらも、五奉行の話し合いにも参画する権限が与えられ、五大老と五奉行の仲が円滑に運ぶように仲介者の役割が期待された。一方で、毛利輝元と上杉景勝には特別な役割は与えられていない。

一方の五奉行は、秀吉の定めた法度に違反した者の取り締まりや、財政管理を委ねられた。七条目は、如何なる屈辱を味わっても耐えよと大袈裟《おおげさ》な表現が用いられているが、秀吉は法度に違反した者であっても殺害することなく平和的に解決することを望み、その前提で五奉行を法の番人とした。慶長四年五月十一日付けで五大老が、前年に出された禁制《きんぜい》を家中《かちゅう》に遵守させる旨を改めて奉行衆に誓約している（『毛利家文書』）ことからも、五奉行が豊臣政権の法の番人だったことが裏づけられる。のちに家康の罪を弾劾する「内府ちかひの条々」が、毛利輝元と宇喜多秀家の二大老からではなく、増田長盛・長束正家・前田玄以の三奉行から出されたのは、このためである。

奉行衆による財政管理は、家康の独裁的権力が築かれつつあった慶長五年二月においても確認することができる。慶長五年二月一日、家康は森忠政《もりただまさ》の知行宛行状《ちぎょうあてがいじょう》（加増転封）を大老衆の連署ではなく一人で発給している（『森家先代実録《もりけせんだいじつろく》』）。忠政の新たな知行地十三万七千五百石は、田丸忠昌《たまるただまさ》（直昌《なおまさ》）が治めていた川中島《かわなかじま》（長野市）四万石に豊臣家の直轄領《ちょっかつりょう》を加えたものだった。その際に増田長盛・長束正家・前田玄以の三奉行は、家康の意向であるとして田丸忠昌に忠政へ御蔵米を渡すよう指示している（『田丸文書』）。細川忠興に杵築（大分県杵築市）六万石を加増した際も、三奉行から知行目録が出されている（『松井文庫所蔵文書』）ように、家康は一人で知行宛行をしながらも、奉行衆の協力は不可欠だった。

このように、直臣で固められた五奉行には、城を含めて豊臣家の財政が委ねられ、秀吉の遺命を遵守させる役割も担うなど、その職務は豊臣家の家政を司ることにあった。一方で五大老の職掌はというと、「遺言A」からは秀頼を支えていくという漠然としたものしか確認できず、「遺言B」からも家康・利家といった個人に対して与えられた役割は確認がとれるものの、五大老としてのまとまった職掌は確認できない。

また、家康と利家の役割も、五大老のものと同じく抽象的といわざるを得ない。両者が伏見・大坂の監督を任されて重きをなしたことはわかるものの、政務としての具体性は、利家が秀頼の守役を任されたこと以外は見えてこない。また、九条目の内容は裏を返すと、家康・利家の意向を伺えさえすれば、物事は五奉行が動かすことができたことを示している。このことは、[史料2]にある「さらには日本全土のことを司って、重要な事項のすべてを(徳川)家康とその四名の同僚に報告させることにした」とも重なる。堀越祐一氏は、五大老の役割は日本で最も有力な大名たちが今後も変わりなく豊臣政権を支持していくことを形として表したものとした(堀越二〇一四)が、筆者も同じ見解である。五大老には、五奉行のように具体的な職掌がなかったのではないだろうか。

前述のように、五奉行は、従来から秀吉を支えていた四人の吏僚に、浅野長政を加えて機構として整備したものであり、秀吉が健在の時からの延長だった。八条目において、成人した秀頼から財政について尋ねられた時、家康・利家の承認を得た文書を披露するよう指示されているように、秀頼が成人したあとも秀頼を支えていくことが前提となっていたのである。

『九八年度年報』には、秀吉は五奉行に対して「主君(秀頼)が時至れば日本の国王に就任できるよう配慮すべきこと、すべての大名や廷臣を現職に留め、自分が公布した法令を何ら変革することなきように命じた」とある。秀吉が諸大名の地位や法令など豊臣政権のあらゆる事柄において現状維持を望み、現状維持された体制が秀頼に引き継がれるよう五奉行へ託したといえる。いわば、五奉行は豊臣家の家老というべき存在であり、彼らが「年寄」を自称し、五大老を「奉行」と呼称したのには、豊臣家の直臣という自負と、五大老は臨時的なものにすぎないという思いが背景としてあったのではないか。

秀頼が成人したあとも補佐していくことが前提となっていた五奉行に対して、諸侯の代表である五大老は、秀頼の成長に伴い役目を終えることが前提となっていたのだろう。先行研究から五大老の役割を整理すると次のようになる。

まず、第一に現状維持を旨とする知行安堵状の発給である。第二に朝鮮からの撤兵、第三に大名間相論の解決、第四に反乱や謀反への対処が挙げられる。一つ目が平常時であるのに対し、残り三つが非常時のものである。全てに共通している点は、秀吉死後の政局の安定を保つことであり、秀頼が成人したあとは秀頼に移行されることが予想される役割である。五大老は、秀吉死後の政局を安定させることを使命として設置され、主な役割は五奉行では解決できない次元にある非常事態への対処だったのである。

現在確認されている、家康が五奉行を「年寄」と呼称した唯一の事例は、慶長四年六月一日付けの五大老連署状（写）であり、宗義智《そうよしとし》に朝鮮出兵における損害を補うために米一万石を与えるとし、「年寄四人」から発給される切手《きって》（物品の引き渡しを命じた書付）を使って受け取るようにと伝えている（『榊原家所蔵文書坤』）。五大老連署状の発給過程について谷徹也氏は、慶長四年正月十日に前田利家が秀頼を奉じて大坂へ下向し、五大老の構成員が伏見・大坂に分かれたあとは、必ずしも寄合を必要としなくなり、伏見・大坂間で意見の調整が持たれてから、日付を遡及《そきゅう》して作成された正文《しょうもん》が行き来して、判形が加えられて発給に至ったと指摘している（谷二〇一四）。

これは、五大老連署状の文面に大老衆の意向がどれだけ反映されていたのかという点で重要となる。前述のように家康自身は奉行衆を「年寄」と呼ぶ気はなかったことは明白であることから、宗義智宛ての五大老連署状の文面は奉行衆サイドで作成され、それに五大老が判形を加えた可能性が高い。また、慶長五年五月に長束正家が毛利輝元に対して知行安堵状の加判を求めている事例（『毛利家文書』）もあることから、平常時における五大老連署状の文面が奉行衆の主導で作成されていた可能性はより高まってくる。

これまで見てきたように、五大老の役割は、五奉行では解決できない次元にある非常事態への対処と、五奉行の政務に対する承認が中心となっている。秀吉は主として政務を五奉行の側に託したといえるが、五大老と五奉行の間には、官位と石高の両面で明らかな差があり、客観的に見た場合、五大老が五奉行よりも上位に位置することは明らかだった。また、非常事態には五大老の持つ権威が不可欠だった以上、避けられないことだったのだろう。

だが、「遺言A」の「いさい《（委細）》五人の物《（者）》に申しわたし候」という言葉が表しているように、豊臣政権や豊臣家に関わる主要な部分が五奉行に委ねられていた点は重要である。［史料2］にも「（五奉行）は主君なる己が息子（秀頼）のことを特別に面倒をみてやり、また家族のことや、さらには日本全土のことを司って」とあり、これと合致している。官位と石高では五大老のほうが上だったが、政務・財政など実質的なものは五奉行に託された。五奉行が諸大名に豊臣政権の法令を遵守させる役割を担い、また「内府ちかひの条々」が奉行衆から出されている点を踏まえると、直臣で構成された五奉行の側に秀頼の意向を代弁する役割があったと考えられる。

四　「遺言体制」の成立と変遷

では、五大老・五奉行をはじめとする「遺言体制」は、如何にして整えられ、また、秀吉の死後にどう変化したのだろうか。その成立・変遷の過程を見ていきたい。

慶長三年七月一日に伊達政宗は、九州に下向している石田三成に対して、秀吉の容体をはじめとする動静を三ヶ条で報じている（『諸家書状文書写』）。なお、序章で述べたように伊達政宗は、文禄五年八月に浅野長政に絶交状を突きつけて以降、三成を頼っており、両者の関係は親密だった。慶長三年十一月三日に三成が政宗へ宛てた書状からも両者の親交を窺うことができ、三成は、政宗が十月十八日付けで送った書状によって、上方《かみがた》に別条なく、秀頼も息災であることが報じられた点を喜んでいる（『伊達家文書』）。政宗が上方の動静を報じる行為は、七月一日付けの書状にも見られる。政宗は、一方的に三成を頼るのではなく、自身も三成にとって有益な存在であろうとしていた。政宗の優れた政治手腕といえよう。政権の中枢に位置しているにもかかわらず、上方を離れなくてはならなかった三成にとって、それが助けになったことは想像に難くない。実際に三成は十一月三日付けの書状で本文と追而書において二重に謝意を表明していることから、よほど感謝していたのだろう。

七月一日付けの政宗書状の一条目によると、この頃の秀吉は快復の兆しがなく、食欲もなかったという。しかし、六月二十七日付けで西笑承兌が上杉景勝へ宛てた書状には、秀吉は六月二日に胃腸を患って食欲をなくしたが、二十七日頃には食欲を取り戻したので、このままいけば快復するのではないかと見通しを述べている（『西笑和尚文案』）。秀吉が食欲を取り戻したとする点は、政宗書状と反対を述べているが、承兌は「（上方から遠く離れた）会津には（秀吉の容体について）風説《ふうせつ》（噂）が飛び交っていると思うので懇《ねんごろ》に申し入れた」としているので、景勝が動揺しないように配慮した可能性が考えられる。［史料1］には七月四日（西暦八月五日）に秀吉の病状が悪化したとあるので、政宗が述べるように、秀吉に食欲はなく、快復の兆しもなかったのではないだろうか。また、承兌が書状で秀吉が胃腸を患ったと述べた点も［史料1］に五月末（西暦六月末）に赤痢を患い、胃痛を訴えるようになったとあるので間違いないだろう。

政宗書状の二条目には、六月二十五日頃に家康・増田長盛・前田玄以が秀吉に呼ばれて遺言を伝えられたとあり、幼少の秀頼の後見は、家康と利家が務めて盛り立てること、また、諍《いさか》いを抱えている諸大名は全て関係を改善し、団結して秀頼に奉公することを命じられた。このことから、秀吉は六月下旬には「遺言体制」を整え始めていたといえるだろう。

三条目によると、秀頼は大坂へ移り、北国大名・東国大名は秀頼に従って大坂へ異動するよう命じられた。前述の西笑承兌の書状にも、東国・北国の諸大名は大坂の屋敷に入り、九州・中国の諸大名は伏見の屋敷に入るよう命じられたとあり、北国大名・東国大名は大坂、西国大名は伏見へと、諸大名の屋敷は分けられた。政権の中心を伏見あるいは大坂いずれかに一本化するのではなく、大坂と伏見に分ける体制をこの時から準備していたのである。

東国大名の政宗は異動の対象だった。異動にあたっては、銀子《ぎんす》と米が下賜され、この朱印状を拝領するために該当する諸大名は六月二十八日に徳川邸へ召集された。徳川邸では、秀吉の意向である諸大名の関係改善が図られたとある。しかし、政宗が「どうして心底から和談できようか」と述べるように、表面的な和談でしかなかった。これと同様の記述は『九八年度年報』にも見られる。

［史料5］

それから太閤様の希望によって、家康は誓詞をもって約束を固め、また列座の他の諸侯も皆同様に服従と忠誠の誓詞を差し出すことを要求され、彼らは太閤様の嗣子に対しては、嗣子が成人した後には、その政権を掌握できるように尽力することを、また家康に対しては、その間尊敬と恭順の意を表することを誓った。さらに太閤様は、その他の（より身分の）低い諸侯が、家康の屋敷で同じように誓うことを命じ、加えて、家臣たちの心を自分に固く結びつけ、彼らが太閤様の嗣子に対して忠誠を尽くすようにと、金銀その他高価な品々を数多く分かち与えた。太閤様は非常に気前よく寛大さを示して、寡婦や古くからの下僕のような貧しい私人のことにも思い及び、それぞれの身分に応じて何らかの品を授けた。太閤様はその後、四奉行に五番目の奉行として浅野弾正を加え、一同の筆頭とした。次いで太閤様は、奉行一同が家康を目上に仰ぐよう、また主君（秀頼）が時至れば日本の国王に就任できるよう配慮すべきこと、すべての大名や廷臣を現職に留め、自分が公布した法令を何ら変革することなきようにと命じた。また確固たる平和と融合――これなくしてはいかなる国家も永続できぬ――が諸侯の間に保たれるようにと、一同に対し、旧来の増悪や不和を忘却し、相互に友好を温めるようにと命じた。

また、『板坂《いたさか》卜斎《ぼくさい》覚書《おぼえがき》』にも徳川邸で諸大名の関係改善が図られたとする記述が見られる。なお『板坂卜斎覚書』は七月の出来事としているが、政宗書状に書かれている六月二十八日のほうが正確だろう。『板坂卜斎覚書』によると、政宗が関係改善すべきとされた相手は上杉景勝と佐竹義宣だったようである。景勝は未だ会津に在国していたが、政宗書状において、三成が帰還したら浅野長政との和談も取り沙汰されるであろうと書かれていることから、この時の相手は浅野長政ではなかったことになるので、相手は景勝・義宣とみてよいと思われる。

『板坂卜斎覚書』は二日後、この時に集まった諸大名が前田利家邸で誓紙を提出したとしている。『島津家文書』には、慶長三年七月二日付けで島津義久が提出した誓紙の案文《あんもん》（控え）が残されているが、このことを指しているのではないだろうか。

それから約半月後の七月十五日、諸大名が前田利家邸において秀吉の遺品と金子《きんす》を、豊臣家の奉公《ほうこう》衆《しゅう》（直臣）は、増田長盛邸で金子を下賜された。その際に諸大名と奉公衆は誓紙を提出している（『慶長三年誓紙前書』）。

諸大名と奉公衆で利家邸と長盛邸と分けられているのは、諸侯を統制するのが五大老であり、奉公衆を統制するのが五奉行という管轄を明確にする意味があったのだろう。諸大名が提出した誓紙は五ヶ条で構成され、①秀頼への奉公、②法度《はっと》（法令）・置目《おきめ》（掟）の遵守、③私戦の禁止、④徒党の禁止、⑤勝手な領地帰還の禁止が誓約されている。一方、奉公衆が提出した誓紙は三ヶ条で構成され、諸大名の誓紙の三条目と五条目にあたる条目を欠き、①秀頼への奉公、②法度・置目の遵守、③徒党の禁止となっている。これは、中野等氏が指摘するように誓紙の発給者が諸大名か奉公衆であるかによることで生じた差異だろう（中野二〇一九）。

この誓紙は毛利輝元も提出しており、誓紙の案文が『毛利家文書』に残されている。宛所は家康と利家であり、輝元でさえ諸大名と同様に両名に誓紙を出していることを踏まえると、この段階での諸侯の代表（大老衆）は五大老の五人ではなく、家康・利家の二人のみだった可能性も出てくる。

しかし、輝元誓紙の案文には「右は加賀使にての事」とあり、利家の使者が輝元の判形を貰いに来たものと思われる。利家邸に集められた諸大名とは異なり、輝元が一線を画す存在だった点も留意しなくてはならない。そして、豊臣秀次《とよとみひでつぐ》が切腹処分となった事件直後の文禄四年（一五九五）八月三日付けで家康・秀家・景勝・利家・輝元・小早川隆景《こばやかわたかかげ》が諸侯を統制するための五ヶ条の定書に連署しているように、五人以上を諸侯の代表とする事例は三年前から見られることから、慶長三年七月の段階で輝元が大老衆に含まれていた可能性を否定することはできない。

また、秀次事件後に家康・輝元・隆景が連判で提出した誓紙には、坂東を家康、坂西を輝元・隆景に監督させるとある。そして、家康と輝元は常時在京して秀頼に奉公し、もし帰国が必要な場合は交代で帰国し、必ずどちらかは在京することが誓約されている（『毛利家文書』）。この点は、家康の在京、利家の在坂という形で「遺言体制」に踏襲されている。また、坂東・坂西とした地方区分は、東国・北国・西国に形を変えながら踏襲されている。しかし、秀次事件直後の段階は、跡部信氏が指摘するように国政にあずかる大老機構の成立を意味するものではなく（跡部二〇一六）、五大老の萌芽とするのも過大評価と思われる。だが、秀次事件直後の誓約が五大老の下地となったことは確かだろう。

また『板坂卜斎覚書』には、徳川邸で諸大名の関係改善が図られた際の記述に「五人の御家老、五人の奉行も、この時定まり候」とあり、この記述を全面的に信用するのであれば、五大老・五奉行の成立は六月二十八日となろう。ただし、『板坂卜斎覚書』は覚書という史料的性格から誤りも見られるため、記述を全面的に信用することはできないが、五奉行については、この頃の成立が確認できる。

前述のように五奉行は、秀頼の若年を理由として急拵えで設けられたものではなく、秀吉が健在の時からの延長であるが、『九八年度年報』に「四奉行に五番目の奉行として浅野弾正を加え、一同の筆頭とした」とあるように、浅野長政が奉行衆に列した時期が成立の指標となろう。長政は慶長三年七月七日、秀吉の病気平癒の祈禱《きとう》を依頼する書状に玄以・長盛と共に連署している（『義演准后日記』）。また、この三人の連署は、島津義弘に宛てられた七月八日付けの書状、七月十五日付けの書状でも確認でき（『島津家文書』）、七月十五日付けの書状には、長束正家は検地のために越前国へ、三成は九州へ下っていたので三人で申し入れたとあるので、正家と三成も本来は連署するはずだったことがわかる。実際に七月十七日付けの書状では三成も連署に加わっている（『島津家文書』）。よって、七月七日頃には五奉行が成立していた可能性があり、同月十五日には成立が明確となる。［史料5］に五奉行が、諸大名が徳川邸に召集された直後に成立したように書かれている点も傍証となろう。

一方、五大老の成立が一次史料から明確となるのは八月五日である。「遺言A」「遺言C」が八月五日付けで作成されており、五大老の構成員が明記されている。「遺言C」は、全五ヶ条で構成され、内容は次の通りである。

［史料6］

覚

一、①内府《（家康）》・利家・輝元・景勝・秀家、この五人に対して（秀吉が）仰せになった通りの口上である。また、互いに縁組すること。

一、②内府は三年間在京すること。なお、所用の時は中納言《（秀忠）》を（領国へ）降すこと。

一、③奉行五人の内、徳善院《（玄以）》・長束大《（正家）》、そして残りの三人の内の一人を伏見城の留守居とする。内府は全体の留守居とする。

一、④奉行の内、二人を大坂城の留守居とすること。

一、⑤秀頼様が大坂城へ入ったあと、諸将の妻子を大坂へ移すこと。

八月五日が五大老の成立において一つの画期だったことは間違いない。だが、五大老が相互に縁組を命じられた点については、八月十四日付けの内藤隆春書状によると、八月一日に秀吉が諸大名を集めて能を催した際に、毛利輝元が宇喜多秀家との縁組を命じられている（『萩藩閥閲録』）ため、八月五日に新たに浮上した話ではない。秀吉の遺言は、八月五日までに秀吉が命じてきたものを体系的にまとめたのが大部分と考えられ、五大老の構成員が定まるのも八月五日から遡ることができるのではないだろうか。

また、八月五日には、家康・利家と五奉行の間で誓紙が交わされている（『慶長三年誓紙前書』）。家康・利家の誓紙は、全八ヶ条で構成されている。諸大名が七月十五日に提出した誓紙と重複している点が多く、それに家康・利家に関係した事柄を付加された形となっている。家康・利家が諸大名の誓紙を取りまとめ、そして、両者も諸侯の代表として五奉行に誓約したという位置づけだろう。①秀頼への奉公、②法度・置目の遵守、③私戦の禁止、④徒党の禁止といった前半の四ヶ条は、諸大名の誓紙と同一の趣旨であるが、五条目以降は諸大名の誓紙にはない内容が記されている。五条目は大名領知の現状維持であり、秀頼が成人するまで、家康・利家は如何なる取次も行わないこと、自身に対する加増があったとしても辞退することを誓約した。六条目は、如何なる子細があっても奉公衆の諍《いさか》いに介入しないこと、七条目は、密談による決定は他言しないこと（政権内での機密保持）、八条目では、一門や家来が法度に背いた場合は、隠すことなく申告すること（家中の監督）を誓約した。

一方、五奉行の誓紙は全九ヶ条で構成されている。①秀頼への奉公、②法度・置目の遵守、③徒党の禁止、④私戦の禁止、といった前半の四ヶ条は、家康・利家の誓紙と同一の趣旨である。ただし、二条目の法度・置目について、家康ら諸大名および奉公衆が、これまでに出されてきた法度・置目に背かない誓約であるのに対し、五奉行は、これまでの法度・置目に変更を加えない誓約となっている。五奉行が法度・置目を司る立場にあったことを窺わせる。また、五奉行の手に負えない訴訟の場合、家康・利家の了解を得て、最終的には上意（秀吉の意向）を伺うことになっている。この記述から、五大老・五奉行は、秀吉の死後に備えて整備されたものでありながらも、秀吉存命中も現行だったことがわかる。

五条目は、五奉行の執政は五人の話し合いで行うこと、六条目は多数決による採決が記されている。五奉行が多数決による合議制をとっていたことがわかる。七条目は財政の適正な処理であり、「遺言B」の八条目と同一の趣旨である。八条目の政権内での機密保持、九条目の家中の監督は家康・利家の誓紙にも見られる。

『義演准后日記』慶長三年八月七日条には、浅野長政・増田長盛・石田三成・前田玄以・長束正家の五人に秀吉が日本国中のことを申し付け、昨日（六日）秀吉の御意で五人が相互に縁組するよう命じられたとする伝聞が記されている。義演は、五奉行が縁組を命じられたのは八月六日としているが、国政を託された日は記していない。おそらく五日ではないだろうか。なお、五奉行の縁組については『九八年度年報』にも記されている。

［史料7］

（前略）太閤様は彼らが来訪したことを聞くと、奉行の一人に命じて、一行の航海が無事だったことに祝意を表させるとともに、ロドゥリーゲス師に対してのみ謁見を許し、他の人々は引見したくないと伝えさせた。司祭は国王に見《まみ》えるまでに非常に多くの庭や広場、住居や部屋を通過せねばならなかったので、帰りには案内者なしに出口を見つけることは困難（だと思われ）た。ロドゥリーゲス師がついに宮廷内の寝所に達したところ、太閤様は、純絹の蒲団の間で、枕（に頭をのせて）横臥し、もはや人間とは思えぬばかり全身痩せ衰えていた。（中略）その翌日、記述の五奉行の息子や娘たちの間で婚姻が行われることになっていたので、太閤様はその荘厳な結婚式に、ロドゥリーゲス師が列席することを望んだ。（後略）

八月中に婚礼があったように記されているが、実際は縁談が浮上したのみと思われる。『九八年度年報』には当時の秀吉の病状が鮮明に記されており、ジョアン・ロドリゲスが秀吉に謁見した時、秀吉は起き上がることもままならず、全身痩せ衰えていた。

その二日後の八月八日、家康と利家が再び五奉行に誓紙を提出している（『慶長三年誓紙前書』）。三ヶ条で構成されており、内容は次の通りである。

［史料8］

一、①今日（秀吉が）直に仰せになったことを少しも忘れずに秀頼様へ御奉公すること。

一、②武蔵守（秀忠）にも（秀吉が）仰せになったことを具《つぶさ》に申し聞かせ、また、秀頼様への御奉公を疎略にしないこと。

一、③（秀吉が）密かに仰せになったことは他言しないこと。

一条目からは、家康と利家の二人がこの日（八日）、秀吉の御前に召し出されていたことがわかる。なお、利家の誓紙は二条目の「武蔵守」の部分が「肥前守（利長）」となっている。家康と利家は、後継者である秀忠と利長に対して秀吉の遺言を遵守させることを誓約しているのである。

そして、秀忠・宇喜多秀家・利長も同日、五奉行に誓紙を提出している（『慶長三年誓紙前書』）。全十ヶ条で構成されており、①秀頼への奉公、②法度・置目の遵守、③私戦の禁止、④徒党の禁止、⑦奉公衆の諍いへの不介入、⑧政権内での機密保持、⑨家中の監督といった内容は、家康と利家が八月五日に提出した誓紙と類似している。五条目は勝手な下国の禁止となっており、家康と利家の誓紙には見られない。これは、「遺言C」にあるように、上方常駐が義務づけられていた家康と、その代理として帰国することが想定されていた後継者（秀忠）との立場の違いによるものである。勝手な下国の禁止に秀家も誓約している点は重要であり、七月十五日付けの誓紙で毛利輝元もこれに誓約している。

秀家と輝元には帰国が許されており、五大老の中でも違いがあった。

十条目は「昨日、内府・利家ならびに長衆《（五奉行）》から聞かされたことを少しも忘れずに、秀頼様へ御奉公すること」となっており、前日（八月七日）に秀忠・秀家・利長が、家康・利家・五奉行を前に、秀頼への忠節を誓約していたことがわかる。そして、秀忠と利長が、大老衆の秀家と同等の扱いを受けた点も注目に値する。これは、家康・利家が秀吉と同世代だったことに由来すると考えられる。前述のように秀吉が病床にあった時から利家も患っており、秀頼が成人するまでに徳川家と前田家で世代交代が起きるのは予想されることだった。そのため、徳川家・前田家の次代を担う者からも誓約を取る必要があったのである。秀吉にとっては、家康・秀忠を合わせて徳川家であり、利家・利長を合わせて前田家だった。秀忠・利長と同じタイミングで秀家も奉公を説かれているのは、「遺言B」に幼少より秀吉に取り立てられたとあるように秀家が秀吉の猶子《ゆうし》だったことや、秀忠と同世代だったことから、次代の政権を担う人材として大きな期待があったものと思われる。

六条目は知行配当についてであり、大きな改変が認められる。それまでは、秀頼が成人するまで家康と利家は如何なる取次も行わない現状維持となっていたが、ここでは公儀《こうぎ》のためとして、家康と五奉行による相談と多数決に拠って論功行賞《ろんこうこうしょう》を行うとしている。また、同日に利家も秀忠らと同文の誓紙を五奉行に提出しており（『慶長三年誓紙前書』）、中野等氏は「知行方之儀」の審議メンバーに利家が自ら加わらない点を誓約したと位置づけている（中野二〇一九）。

秀吉は八月九日にも家康らを御前に召し出している。八月十九日付けで内藤隆春が息了又二郎へ宛てた書状（『萩藩閥閲録』）によると、召し出されたのは家康、利家、伊達政宗、秀家、輝元、毛利秀元だった。秀吉は、快復は難しいと幽《かす》かな声で話したが、死後のことなどを話す際は、扇で畳をたたきながら、いつもの調子だったという。この日の秀吉は、脇息《きょうそく》に寄りかかっていたとあるので、［史料7］にある寝たきりの状態よりは良くなっていたのだろう。

また、内藤隆春書状には、秀吉は輝元と話し合った内容を家康に、家康と話し合った内容を輝元に伝えたとある。家康に伝えた（輝元と話し合った）内容は、①本能寺の変後の和睦を結んだ時から、秀吉は輝元を「本式者《ほんしきもの》」（正しい人）と思ってきたこと。②西国を輝元に任せること。③輝元に実子松寿丸が生まれたので、毛利家は松寿丸に継がせて、秀元には出雲国・石見国に当時「今銀山」と称された銀山を副えて与え、石見銀山は輝元が領有すること。④秀家の娘を松寿丸に嫁がせること。⑤輝元は秀家のことを目にかけてやること、そして万が一、秀家に「相違の事」があった場合は首を斬ること。しかし、輝元は「本式者」であるため容赦するだろうから、その時は家康が行うようにと（秀吉は家康に）伝えた。そして、家康もそうしない場合は、草葉の陰から秀吉が秀家の首を斬ると、秀家に言い聞かせた。

家康と話し合った内容も輝元に伝えられた（内藤隆春書状に内容は書かれていない）。それに加えて①両家（徳川・毛利）が相談し合えば秀頼のことは心配ないこと。②秀吉は秀頼が成人するのを見届けることはできないが、各々が秀頼を支えてくれれば「王位」は廃れないこと。③東国と西国は家康と輝元、北国は前田利家、五畿内は五奉行が間違いなく扱うならば問題はないこと。④朝鮮からは引き揚げるが、秀頼が政務を執り行うようになれば、秀頼の判断次第で再び出兵もあることが秀吉の口から語られた。また、秀吉は退出する時に家康と輝元のみ呼び寄せて、手を合わせながら、これまで述べた要望を念押しして懇願したという。

五日から九日にかけては、秀吉の遺言が出されたのを皮切りに、大老衆と奉行衆との間で繰り返し誓紙のやりとりが行われ、秀吉の口からも大老衆に繰り返し遺言が語られた。部分的な変更を伴いながらも、これまで秀吉が命じてきたものを再確認しながら「遺言体制」を整えていく時期だった。しかし、八月十日からは状況が一変する。上方不在の上杉景勝を除いた四大老（家康・利家・秀家・輝元）は、八月十日付けで次の誓約をしている（『毛利家文書』）。

［史料9］

一、①上様《秀吉》は永らく御患いになられ、御失念も見られるので、知行配当をはじめ、そのほかの仕置《統治》については、先刻、仰せ定められたようにすること。

一、②今後は（秀吉が）如何なることを仰せになろうとも、まずは承っておいて（実行には移さずに、秀吉の）快復を待って確認してから、それに従うこと。

一、③知行配当や仕置については、このたび（秀吉が）幾重にも御命じになり、誓紙をもって定められたことを遵守すること。

『毛利家文書』に収められている案文は宛所を欠いているが、『慶長三年誓紙前書』にも同内容のものが収められており、こちらは発給者の最後（左端）に景勝の名が加えられ、五奉行が宛所とされている。宛所は五奉行と考えていいだろう。

この内容は、まさに「遺言体制」更新の凍結であり、これまでの誓紙とは明らかに流れが異なる。理由は、一条目にあるように秀吉が正常な判断ができないことによる。そのため、今後は秀吉が何を言っても「遺言体制」は変更しないと、更新を凍結させたのである。秀吉が精神耗弱していた様子は、『九八年度年報』にも記されている。

［史料10］

太閤様の容態は九月三、四日（和暦八月三、四日）までやや持ち直し、奉行とごく近親の者以外は誰も近づくことができず、その間というのは、もっぱら、数組の（諸侯の）婚姻に関する配慮とか、国家が息子（秀頼）のために、いっそう固められるために、誓詞を（諸侯に）要求するといったことで過ぎていった。だが九月四日には、（太閤様の）容態は悪化し、（伏見城では）すべての門で厳しい警備態勢が続き、同月十四日には太閤様は息を引き取ったかと思われるほどになった。しかもなお十五日には太閤様は意識を回復し、狂乱状態となって、その間、種々様々の愚かしいことを口走った。だが息子（秀頼）のことに関しては、息子を日本の国王に推挙するようにと、最期の息を引き取るまで、賢明に、かつ念を押して語っていた。こうして、太閤様はついに、その翌朝未明に薨去した。

八月十日付けの四大老連判誓紙は、正常な判断ができない秀吉を目の当たりにした五奉行が、「遺言体制」の凍結を図って、秀吉の意思を介さずに文面を作成して大老衆に誓約させたようにも感じられる。

しかし、『九八年度年報』は秀吉が狂乱状態となった日を八月十五日（西暦九月十五日）としており、四大老連署誓紙より日にちがあととなる。また、『九八年度年報』は、狂乱状態となっても秀頼のことに関しては賢明に語っていたとも記しており、前述した八月十九日付け内藤隆春書状にも八月九日の秀吉が、いつもの調子で「遺言体制」について語っていた様子が記されているので、八月十日に突如として、五奉行が独断で証文の文面を作成しなければならないほどの症状になったとは考え難い。

また、四大老連判誓紙が秀吉の意思を介さずに作成されたとすると、かなり不敬な内容となるため、自身の症状を危惧した秀吉が作成させたものではないかと思われる。いずれにしても、八月十日を境として秀吉が歿するまで「遺言体制」の更新はなく、とりあえず完成となったのである。

しかし、家康と三成らの不和によって「遺言体制」はうまく機能しなかった。秀吉の死から十日後の八月二十八日、石田三成・増田長盛・長束正家・前田玄以の四奉行と毛利輝元は盟約を結んでおり、輝元は、五大老の中に四奉行と対立する者が出た場合、四奉行へ味方することを誓約した（『毛利家文書』）。宛所に浅野長政が含まれていないことや、五大老の構成員と四奉行の対立が起こることを想定しているように、この誓紙は、秀吉の死の生前に繰り返し交わされた誓紙とは性格を異にするものであり、派閥形成の初見といえる。この誓約において、四奉行と対立すると見られていた仮想敵とは、徳川家康だった。九月二日付けの内藤隆春書状には「五人の奉行と家康、半不和《間柄》の由」と記されている（『萩藩閥閲録』）。

「遺言体制」では、知行配当は家康と五奉行の多数決、政務は五奉行の多数決となっていた。本来であれば最も協力し合わなければならない家康と四奉行の対立は、「遺言体制」を麻痺させたと考えられ、前述の内藤隆春書状には「（秀吉が）御存命中、堅く仰せられ候事、もはや相違の分に候」と記されている。

実際、秀吉が歿する前日（八月十七日）に、五奉行が諸大名に対して家来を武装させることを禁止している（『真田家文書』）。『九八年度年報』に「大名たちがそれぞれ自衛のために、居城の守りを固め出したことが、民衆の噂（太閤様の死）を裏付けた」とあるように、諸大名が軍備を固めたのは自衛のためであって、家康と四奉行の争いが直接的な原因ではないようであるが、家康と四奉行が協力関係になかったため、政情が不安定となり諸大名は自衛に動いたのではないだろうか。こうした事態を打開するため、九月三日に大老衆・奉行衆が連判で全七ヶ条の誓約を結び関係改善を図っている。

一条目の私戦の禁止と、三条目の徒党の禁止は、これまでの誓紙にも見られる項目だが、それ以外は新たな内容となっている。

二条目は、連判者十人に対して讒言《ざんげん》する者があっても同心せず、子細があれば相互に意見し合い、その結果には従って私怨は抱かないとする。四条目も類似した内容となっている。家康と四奉行の対立が背景としてあり、今後は対立を起こさないようにすることを目的として作成されたと推測できる。

六条目では、連判者十人以外の者との誓紙のやりとりを禁止し、もし、徒党を形成していることが明らかになった場合でも、皆と相談した上で糾明すべきだとしている。七条目は、秀頼に対して謀反を起こそうとしている者が明らかになった場合でも、先んじて殺害に及ぶことを禁止し、合法的な手続きを経た上で処罰するとしている。これら二つに共通していることは、私戦による政敵殺害の抑止である。

五条目は、「諸事、御仕置《(統治)》等」は軽重を判断した上で、十人の多数決で決定するとある。八月八日の段階では、知行配当は家康と五奉行の多数決、政務は五奉行の多数決となっていた。それが十人の多数決という形に変更されたのである。「内府ちかひの条々」において、家康が五大老の連署とすべきところを一人の判形で書状を発給したと弾劾されているように、家康が単独で発給した知行宛行状は違反となった。もっとも、「諸事、御仕置等」の具体的な内容は記されていないが、知行宛行状など領地に関する書状が五大老の連署で発給されている（『毛利家文書』）点から、「諸事、御仕置等」には知行配当が含まれており、家康は知行配当において他の大老衆に対する優位性を失ったことが明らかである。一方の五奉行も、政務において五大老に介入の余地を与えてしまった。

秀吉が築いた「遺言体制」は、家康と四奉行の対立によって円滑に機能することができなかった。その結果、九月三日の大老・奉行による連判誓紙において「遺言体制」の改変が行われ、家康と五奉行の双方が優位性を放棄し、十人の多数決による政権運営が誕生した。「遺言体制」が改変されたあとは、体制のあり方をめぐる主導権争いはなくなったが、代わりに十人の中から政敵を排除する流れへと変化していくのである。

第二章　家康の私婚問題と三成の失脚

一　権力闘争の始まり

第一章で述べたように、徳川家康と石田《いしだ》三成《みつなり》ら四奉行の不和によって「遺言体制」は開始早々からうまく機能しなかった。秀吉の死から十日後の八月二十八日、石田三成・増田《ました》長盛《ながもり》・長束《なつか》正家《まさいえ》・前田《まえだ》玄以《げんい》の四奉行に対して毛利《もうり》輝元《てるもと》は次の内容を誓約している（『毛利家文書』）。

［史料11］

太閤（秀吉）様の御他界以後、秀頼《ひでより》様へ私は無二の御奉公をいたす覚悟です。万一、世上に何らかの動乱があり、もし今度御定になられた五人の奉行（大老）の内、誰であろうと、秀頼様へ逆心ではなくても、勝手な考えを持って増右（長盛）・石治（三成）・徳善（玄以）・長大（正家）と対立する輩があれば、私は右の四人衆と相談して秀頼様へ御奉公いたします。心を合わせ、表裏・別心なく（秀頼様のために）尽力いたします。太閤様が仰せになったことを今後も忘れることはありません。各々の間柄について、時に悪くなることがあっても、隔心なく、互いに隠しごとをせず、関係が改善するように幾重にも話し合います。

傍線部分は三成の加筆によって訂正されたもので、五大老の中に四奉行と対立する者が出た場合、その者が秀頼に対する逆心を抱いていなかったとしても、四奉行に味方することが秀頼への奉公であるとしている点は重要であり、三成らは、五奉行が豊臣政権を主導していくべきという考えを強く持っていたのである。輝元は四奉行へ味方することを誓約したのであり、派閥形成の初見といえる。九月二日に毛利家臣の内藤隆春《ないとうたかはる》が息子又二郎へ宛てた書状（『萩藩閥閲録《はぎはんばつえつろく》』）は、全七ヶ条で構成されており、一・二・三・六条目に興味深い内容が記されているので挙げておきたい。

［史料12］

一、①太閤様は、昨月の二十三《（十八）》日にお亡くなりになられたとのことです。そのため、五人の奉行と家康の間柄が不和となり、当家《（毛利家）》が間を取り持ったとのことです。安国寺《（恵瓊）》が使者を命じられました。貴方は少しも心配する必要はないとのことです。太閤様が御存命中に堅く命じられたことは、もう相違があったようです。奉行とは菜塚大蔵《（長束正家）》・増田右衛門《（長盛）》・浅□《（長政）》弾正忠・石田治部《（三成）》少輔・徳善院《（玄以）》のことです。

一、②当家は二万余の兵を備えております。鉄砲は七百丁、そのほか御家中のものを加えれば五千丁も調えられるので、心配には及ばないとのこと、佐石《（佐世元嘉）》が申しておりました。

一、③筑前国が当家に与えられるとのことで、近日中に使者が遣わされるそうです。これは未だ内密の話で他言してはなりません。

（中略）

一、⑥宇喜多《（秀家）》は、日々殿様《（輝元）》のもとを訪れているとのことです。家中の者共の喜びは並大抵ではないと伝え聞いております。今はこうするよりほかありません。

（後略）

一条目より、奉行衆と家康の不和が表面化し、毛利氏は関係改善を模索していたようであるが、一方で二条目からは万が一に備えて毛利氏も軍備を整えていた様子がわかる。ここから、八月二十八日の盟約は家康を仮想敵としたものといえ、軍備も奉行衆の側に立つことを想定してのことと考えられる。内藤隆春は、家康と対立したのは五人の奉行としているが、おそらく浅野長政を含めない四奉行と思われる。

三条目からは、筑前国が毛利氏に与えられる旨が伝えられたが、内密とあるため、毛利氏の奏者を担当していた三成や増田長盛から伝えられたと思われる。毛利・四奉行の連合を強固なものとするための、四奉行による配慮が見てとれる。

六条目では、宇喜多秀家《うきたひでいえ》が盛んに輝元の許を訪れていたことがわかり、毛利氏の家中も非常に歓迎していたようである。その背景として、第一章で触れたように、秀吉が輝元の嫡男松寿丸と秀家の娘との縁組を命じていたことや、輝元に秀家の後見を命じるなどして、毛利氏と宇喜多氏が強固に繋がるのを望んでいたことがあった。宇喜多氏は、先代の直家《なおいえ》の時に毛利氏を離反した経緯があったが、内藤隆春が「こうするよりほかない」と述べるように、両氏共に秀吉の意を汲んで親密な関係を構築し始めたといえる。このように秀吉が死去して間もない内に、毛利氏と四奉行、毛利氏と宇喜多氏、のちに関ヶ原の役で西軍の中枢となる面々の間で結びつきが生じているのである。

これらの史料からわかるのは、三成らが盟約を結んだことと、三成らと家康の間に不和が生じたことの二点であり、この時期に家康がどのような動きをしていたかはわからない。しかし、家康に豊臣政権を簒奪しようとする野心はなく、三成らが一方的に家康を敵視していたにすぎないかといえば、それは違うだろう。

序章で述べたように、家康は秀吉の生前からスペインとの交易構想を練っており、秀吉の死の直後、熟成させた国際交易構想、富国強兵策の実現に向けて動き出した。秀吉の死を好機と捉えていたことは間違いない。家康がスペインに求めたものは、ルソンやメキシコとの通商圏の構築、西洋式船舶の建造技術、精錬技術（アマルガム法）の導入といった地方の一大名とは思えない壮大な構想だった。

このほか、翌年（慶長四年〈一五九九〉）には伊達政宗との縁組を図って問題化している。諸大名が勝手に縁組することは秀吉の命令によって禁止されていたが、秀吉は死の直前に五大老が相互に縁組をして結束を強化するよう命じていた。輝元と秀家の縁組はその端緒といえる。本来であれば大老衆と縁組を進めなくてはならないところを、家康は地方の大名である政宗にそれを求めた。これは、秀吉の遺命に背くだけでなく、大老衆ではない地方の大名と手を携えるという独自の政治路線を宣言することを意味していた。家康のビジョンは、豊臣政権下の一大名から逸脱した壮大なものであり、秀吉死後の政局を受けて後発的に野心が芽生えたとは考えられない。

また、三成ら四奉行と輝元が、なぜ団結する必要があったのかという点を踏まえると、三成らには家康が動き出すことがわかっていたのだろう。そして、実際に四奉行と家康の間で不和が生じている点からも、家康も何らかの動きを始めていたと推測できる。

さらに、秀吉が歿する一ヶ月前に、家康は系図の作成に取りかかっており（『舜旧記《しゅんきゅうき》』）、八月には各家の来歴を記した『公武大躰略記《こうぶだいたいりゃっき》』を取り寄せている（『言経卿記《ときつねきょうき》』）ことから、家康が秀吉の死の直前に豊臣姓から源姓への改姓を企画していた可能性が指摘されている（野村二〇一八）。

家康の多数派工作が史料で確認できるようになるのは、同年（慶長三年〈一五九八〉）十一月からである。山科言経《やましなときつね》の日記『言経卿記』によると、伏見に居た家康が屋敷を訪れた大名は、十一月二十三日に織田信包《おだのぶかね》、同月二十五日に増田長盛、同月二十六日に長宗我部元親《ちょうそかべもとちか》、十二月三日に新庄直頼《しんじょうなおより》（晟珊）、同月五日に島津義久《しまづよしひさ》、同月九日に細川幽斎《ほそかわゆうさい》（藤孝《ふじたか》）、同月十七日の有馬則頼《ありまのりより》である。

増田長盛は、前述のように家康と対立軸にある人物だが、山科言経も家康の増田邸訪問に同行しており、増田邸で歓待があったことが記されている。四奉行の中でも長盛は、反徳川という意識が三成ほど高くはなかったと思われる。

増田邸訪問の事例はあるものの、基本的に徳川家康は、三成や輝元とは異なり、五大老・五奉行の構成員と組む動きはせず、長宗我部氏・島津氏・細川氏など政権中枢に携わらない大名への影響力を求めて勢力の強化を図っている。

また、家康を次の天下人と見据えて関係を強固にしようとする豊臣系大名も現れる。朝鮮半島から帰国した黒田長政《くろだながまさ》は、同年十二月二十五日に徳川家臣の井伊直政《いいなおまさ》と誓紙を交わし、徳川方の立場を表明。井伊直政は、家康との間を取り次ぐことを約した（『黒田家文書』）。家康の勢力は、家康自ら近寄って関係を構築した者だけではなく、黒田長政のように相手のほうから寄ってくるケースもあり、双方向から膨れ上がっていった。

一方、家康との交流を持った島津義久は、慶長四年（一五九九）正月三日に島津義弘《よしひろ》・忠恒《ただつね》父子に対して誓紙を出している（『島津家文書』）。島津氏の指南を行っている三成が朝鮮半島からの撤兵を差配するために伏見を不在にし、そして、義弘・忠恒も未だ帰国していない最中に、義久が家康に接近したことが問題となったのだろう。

誓紙と同時に出された覚書（『島津家文書』）によると、義久は、家康の訪問前に増田長盛ら奉行衆の了承を得たとしており、義久・義弘・忠恒共に、島津氏は三成方（毛利・四奉行連合）に属しているという共通の意識を持っていたことがわかる。また、家康からの申し入れに対して「斟酌《しんしゃく》（遠慮）申し候」、「力およばず、十二月六日に入御《じゅぎょ》候事」（五）とあることから、家康と交流するのは決して好ましくないという認識もあったことがわかる。

二 家康の私婚問題

家康の多数派工作は激しさを増し、慶長四年正月中旬に、家康の私婚問題が浮上する。この時、問題とされた縁組の相手は、『関原軍記大成《せきがはらぐんきたいせい》』では伊達政宗《だてまさむね》・福島正則《ふくしままさのり》・蜂須賀家政《はちすかいえまさ》であるが、編纂史料の中でも成立の早い『家忠日記追加』は伊達政宗のみを記し、伊達成実《しげざね》の『伊達日記』も伊達政宗のみとなっている。前述の史料には記されていないが、同時期（慶長四年四月）に加藤清正《かとうきよまさ》も家康の従妹（水野忠重《みずのただしげ》の娘）を娶っている（『朝野旧聞裒藁《ちょうやきゅうぶんほうこう》』）。おそらく、福島正則と蜂須賀家政の縁談が持ち上がったのは三成が失脚したあとのことではないだろうか。

序章で述べたように、伊達政宗は三成が奏者を務める大名であり、信頼関係にある政宗が家康と縁組したことは、三成にとって衝撃的だったはずである。私婚問題が収束した直後の二月九日、三成が催した茶会に政宗が招かれている（『宗湛日記《そうたんにっき》』）が、これには政宗との信頼を確認する意味があったと思われる。

この私婚問題に関する記述として、『言経卿記』慶長四年正月二十四日条によると、正月十九日に四大老・五奉行から家康のもとへ糾明使が派遣されたようである。これまで家康と対立軸にあった毛利・四奉行に、前田利家《まえだとしいえ》と、宇喜多秀家・浅野長政といった前田氏と繋がりの深い者たち、そして上杉景勝《うえすぎかげかつ》も加わり、家康以外の全ての大老衆・奉行衆が家康と対峙するかたちとなった。

なお、『板坂卜斎覚書《いたさかぼくさいおぼえがき》』では、正月十九日に三成が徳川邸を襲撃するという風聞（噂）があり、徳川邸では備えを固めていたとしている。また、『当代記《とうだいき》』も同様に、正月に三成が徳川邸を襲撃するという風聞があったとしている。しかし、大身の大名である四大老が味方にいる状態で、三成が単身決起に近いかたちで襲撃を企てるとは考え難い。

前田家臣の村井長明《むらいながあき》の覚書『亜相公御夜話《あしょうこうおんやわ》』によると、奉行衆らが前田利家の了承のもと、十一ヶ条の弾劾状を作成して糾明使を派遣し、家康の返答次第では、利家が豊臣秀頼の名代として家康を征討することになっていた。これに対して家康は謝罪したが、江戸へ隠居する件は八月までの猶予を求めた。家康の言い分は「今、領国へ下ることは、太閤様《(秀吉)》が歿して間もない時に法度を破ることになる。そうなると、上様《(秀吉)》の遺命に相違が生まれてしまう。八月になったら秀頼様に御暇を請い、鷹狩と称して領地へ下り、秀忠《ひでただ》を上方《かみがた》に詰めさせて私は隠居する」というものだった。二次史料の記述である点は留意すべきだが、家康の隠居が争点となっている点は興味深い。なお、秀忠を代行者として残すとしたのは「遺言B」に基づいたものだろう。

三成が単身決起に近いかたちで襲撃を企てた（私戦）とする通説よりも、四大老・五奉行が、豊臣秀頼の名のもとに家康征討を計画した（公戦）とする『亜相公御夜話』の記述のほうが真相に近いと思われる。江戸時代に成立した諸史料が三成による徳川邸襲撃の風聞を記すのは、神君《しんくん》（家康）が豊臣公儀の中枢から半ば排斥された状態に陥り、征討の危機にも直面した不名誉な事件を矮小化させる意図があったのだろう。大老・奉行衆による家康征討の動きは、秀頼の名のもとに征討する「公戦」という性格を持っていたが、三成による襲撃計画とすることで公儀性を取り除かれ、いわゆる「私戦」へと塗り替えられたのである。しかし家康にとって決して好ましいとはいえないこの事件は、図らずも家康に政権奪取の道を示す結果となった。こののち、家康はこの事件に倣うかのように、大老衆の構成員を征討の対象にして排斥を進めていくのである。

四大老・五奉行による家康征討軍は組織されるに至らなかったが、家康に味方する諸大名は自邸を兵で固めると共に、征討軍に備えるために徳川邸へ参集した。この時、徳川邸に参じた諸大名は『家忠日記追加』によると、池田輝政《いけだてるまさ》（照政）および一門衆、福島正則、黒田如水《じょすい》・長政、藤堂高虎《とうどうたかとら》、森《もり》忠政《ただまさ》、有馬則頼、金森長近《かなもりながちか》（素玄）、織田有楽斎《うらくさい》（長益《ながます》）、新庄直頼らであり、大谷吉継《おおたによしつぐ》も家康に味方したという。

『黒田長政記』には、黒田長政が二十人ほどの手勢を率いて徳川邸へ馳せ参じた様子が記されている。また、『黒田家文書』には正月二十三日付けで井伊直政が黒田長政に宛てた書状が残されている。その背景は『関原軍記大成』によると、二十二日の朝、長政は軍備を調え、直政に、徳川邸に不慮のことがあれば一番に馳せ参じる旨を申し入れたとし、それに対する返書という。直政は、長政の申し入れに謝意を表し、家康に披露したことを伝えている。

長政が直政を通じて申し入れたのは、前月の盟約によって直政が長政の取次となったためだろう。六月三十日付けで井伊直政が黒田長政に宛てた書状（『黒田家文書』）には、黒田長政、福島正則、藤堂高虎について、家康が「御両三人のことは、特に親しく思っている」と話したとあり、豊臣系大名の中でも三人は家康の信頼が厚かった。特に藤堂高虎は、関ヶ原の役において小山《おやま》（栃木県小山市）から西上する際に、直政や池田輝政と共に豊臣系大名の監督を家康から任されるほどの信頼を得ていたのである（水野二〇一七b）。

なお、大谷吉継については『当代記』も、吉継が家康に味方したことにより三成派の武将たちの多くが家康に味方したとしている。しかし、慶長四年閏三月の事件（通称、石田三成襲撃事件）において吉継は三成寄りの人物として登場し、さらに三成の盟友である毛利輝元が吉継に信頼を置いていることから、吉継が家康に味方したとする点は俄に信じ難い。

その後、伏見の勤番交替のために西上の途にあった榊原康政《さかきばらやすまさ》が正月二十九日に上洛する（『義演准后《ぎえんじゅごう》日記《にっき》』）など、軍事的な緊張が続いた。また、鍋島勝茂《なべしまかつしげ》（清茂《きよしげ》）は正月二十七日付けで国許《くにもと》にいる鍋島茂里《しげさと》らへ宛てて、鉄砲二百挺、弓五十張および選び抜かれた射手を新たに上方へ送るよう命じている（『坊所鍋島家文書』）。このほかにも、勝茂は国許へ送った鉄砲を再び上方へ戻すよう指示。また、三百石あたり鉄砲一挺だった軍役を二百石あたり一挺に改めており、諸将も緊急で軍備を調えていた様子が窺える。

日本に拘留されていた朝鮮人儒者の姜沆《カンハン》の記録『看羊録《かんようろく》』は、この時の緊張を「何か変事が起こりそうで、〔人々は〕しょっちゅうびくびくし、店舗も半分は店を閉じた」と表現している。また、『九九年度年報』には次のように記されている。

〔史料13〕

（石田）治部少輔（三成）は（徳川）家康に対して公然と反対を唱え始め、次のように非難を浴びせた。国家の統治にあたってひどく権力を我がものにしており、また天下の支配権を獲得する魂胆の明白な兆候を示していると。そこで（石田）治部少輔は武器を取り他の統治者たちの意見に従って、使者たちを（徳川）家康のもとへ遣わし、予のことで何が気に入らぬのかと公然と詰問させた。（徳川）家康はすべての点について穏やかに弁明し、己が行為についてなしえた非常に立派な諸理由を述べた。しかし彼は無防備のまま対面することはせず、己が諸国から三万の軍勢を召集し、これによって敵方の力に対してなしえた最大の兵力をもって固めた。その当時、日本国の全諸侯は国主の宮殿に留まっていたが［太閤様が臨終の時に、最終的なものではなかったが、統治者たちに訓戒を与えた他の条項の中で、国王の宮殿の華麗さを保持するために、或る人々は都の近くの築城である伏見に居住し、或る人々は大坂に居住するようにした］、彼らの中でどちらか一方の派に味方しない者はいなかった。しかし自分はすべての抗争には無関係であると絶えず主張して、どちらかの派に対しても公然と好意を示していた者たちがないわけではなかった。已が国主たちに召集されて、種々の領国から伏見と大坂へ集まった将兵たちはおびただしく、その数は二十万以上にのぼった。どの諸侯も自分の邸内で多数の護衛兵たちによって警護されているのが見られ、あたかも隙間のない包囲によって支えられているにすぎぬようだった。そして夜間には、この（伏見と大坂の）二城内では、諸々の武具の喧騒が非常に大きかったので、ただにそれらの城自体の崩壊のみならず、この世界の破滅が近づいているように思われた。それにも拘わらず日本人の自制の度合は、誰一人として敵に対して戦闘を挑まず、また相手方の派の将兵を殺害しようとして刀の鞘を払う者もいない状況だった。なぜならもしそのようなことが行われたら、多くの人々の殺戮と、日本国全土の擾乱とが起りそうだったからである。また諸大名自身が、この種の不都合に対して警戒し、何らかの方法によって敵方に攻撃をしかけた者は死刑に処することを望んだからである。

軍事的な緊張は続いたものの、『九九年度年報』に記されているように衝突には至らず、二月十二日頃に家康と四大老・五奉行の間で誓紙が交換された（『毛利家文書』）。しかし、和解は形式的なものであり、家康と四大老・五奉行の関係そのものは改善されていない。こうした中、前田利家と親しい間柄にある細川忠興《ただおき》・加藤清正・浅野幸長《よしなが》が、前田氏と徳川氏の和解を斡旋する（『綿考輯録《めんこうしゅうろく》』）。そして、二月二十九日に利家は伏見の徳川邸を訪問（『当代記』『亜相公御夜話』）。三月十一日には、家康が返礼のために大坂の前田邸を訪れたことにより、家康と利家は関係を改善した（『当代記』『高山公実録』）。

家康の前田邸訪問の三日前にあたる三月八日付けで宇喜多秀家は家康宛ての誓紙を作成している（『島津家文書』）。『亜相公御夜話』は、家康の前田邸訪問をこの日（三月八日）としており、二月八日説をとる先行研究もある（高澤二〇一七）。しかし、家康が三月十三日付けで前田利家へ歓待の礼を述べた書状を出しており（『國田文書』）、同日付けで浅野幸長や京極高次《きょうごくたかつぐ》に前田邸訪問の際の様子を報じている（『碩田叢史』『大阪城天守閣所蔵文書』）ところから、『高山公実録《こうざんこうじつろく》』が記すように十一日に家康は前田邸を訪問し、十三日に伏見へ帰還したと考えたほうがいいだろう。宇喜多秀家の誓紙は、前田邸訪問の際に作成されたのではなく、訪問に備えて事前に作成されたと思われる。

秀家は誓紙で、家康と前田利長《としなが》が協力して秀頼を盛り立てていくことに合意した上は、秀家もこれに協力すると誓い、家康との和解を謳っている。ここで家康と利家ではなく、家康と利長となっている理由は、三月時点の利家の容体を踏まえれば、すでに前田家の実権が利長へ移行していたと考えられること。そして、この誓紙が秀吉の生前に交わされた誓紙のような公的なものではなく、宛所が家康一人であるように、あくまで大名同士で交わされた私的なものだったため、五大老の利家ではなく、名実共に前田家の当主となった利長の名が記されたのだろう。ともあれ、形式的ではあるが、利家の娘婿の宇喜多秀家を巻き込む和解となった。

また、結城秀康《ゆうきひでやす》（家康の二男）から家康の前田邸訪問を報じられた徳川秀忠が、三月二十二日付けで出した返書には「六人のうちへ御入なされ候由」という文言が見られる（『大阪城天守閣所蔵文書』）。会見で秀康の大老衆加入の話が浮上し、利家はそれを了承したものと思われる。

おそらく、利家は自らの死期が迫っていることを悟り、後継者である利長のことを家康に託すために妥協的になったのだろう。こうして家康と利家が和解したことにより、毛利輝元・石田三成らによる反徳川勢力と前田氏の結びつきは消滅し、利家に近い立場にあった加藤清正・浅野幸長らは三成らに対して攻勢に出るようになるのである。

三　石田三成襲撃事件の真相を探る

慶長四年閏三月、加藤清正ら七将が石田三成の暗殺を謀って襲撃したとされる事件（通称、石田三成襲撃事件）が起きる。この事件は、七将が大坂にいる三成を暗殺するために襲撃を計画し、事前に計画を知った三成が伏見へ逃亡。三成を追いかける七将も軍勢を率いて伏見へ上ったことで、軍事的緊張が走ったが、家康の仲裁によって収束したといわれ、豊臣恩顧の大名の分裂を象徴する事件として位置づけられている。この事件の通説的見解を示すものとして、事件のポイントを整理すると次のようになる。

①七将は三成の暗殺を企てた。
②七将が暗殺を企てた動機は、慶長の役の際に三成に対して抱いた私怨によるものである。
③豊臣秀吉の死後、初めて軍事的緊張が走った事件であり、七将の武装蜂起は私戦の復活を意味する。
④これまで前田利家が清正ら武功派と三成ら吏僚派の対立を緩衝していたが、利家の死去によって対立が表面化し、事件となった。

以降、これら通説のポイントを踏まえながら実像との相違点を指摘していきたい。

まず、七将のメンバーは、史料によって異なっている。『関原始末記《せきがはらしまつき》』は、池田輝政、福島正則、細川忠興、浅野幸長、黒田長政、加藤清正、加藤嘉明《かとうよしあき》（茂勝《しげかつ》）の七人となっており、このメンバーは『関原軍記大成』や徳川幕府の正史『徳川実紀《とくがわじっき》』に踏襲され、最もメジャーなものとなっている。

しかし、事件の最中に出された閏三月五日付徳川家康書状（『譜牒余録《ふちょうよろく》』）の宛所は、細川忠興、蜂須賀家政、福島正則、藤堂高虎、黒田長政、加藤清正、浅野幸長の七人となっており、後述する事件の展開で登場する人物とも照らし合わせると、この七人を七将と捉えるのが妥当と思われる。

なお、『板坂卜斎覚書』では、蜂須賀家政と藤堂高虎の代わりに脇坂安治《わきざかやすはる》と加藤嘉明を加えた七人となっているが、覚書という性格上で起きたミスだろう。

義演の日記である『義演准后日記』では「大名十人とやらん」と、清正らの人数を十人くらいとしており、七人に限定していない。実際に、七将以外に黒田如水、浅野長政の関与が確認できることから、七人以上とする見方もできる。しかし、黒田如水と浅野長政は、七将メンバーの黒田長政と浅野幸長の父親であり、家を単位に考えれば七家に収まるほか、豊国社の神龍院梵舜《しんりゅういんぼんしゅん》の日記『舜旧記《しゅんきゅうき》』に「七人大名衆」とあることから、七将の呼称を踏襲して話を進めていきたい。

事件について、徳川家臣の大久保忠教《おおくぼただたか》（彦左衛門《ひこざえもん》）は『三河物語《みかわものがたり》』で次のように記している。

［史料14］

大坂より加賀大納言（前田利家）が大急ぎでやって来て「とにかく向島《むかいじま》（伏見城の支城として築かれた向島城があった）にお移りください」とおっしゃるので、（家康は）向島へお移りになる。そうなると皆、心変わりをして我も我もと弁解する。最後には石田治部少輔（三成）一人に責任をかけて、寄り合って治部に腹を切らせようとした。家康は御慈悲が深いので「皆、治部を許されよ」とおっしゃったが、皆は聞かない。「それならば石田を佐和山へ引退させよう」とおっしゃったが、「道中に押しかけて腹を切らせよう」と皆が口にするのを聞いて「それならば中納言（結城秀康）に護送させよ」との御命令が出た。越前中納言様がお送りになったので、無事に石田は佐和山へ着くことができた。

『三河物語』は、私婚問題以降、利家が家康との関係改善に動いたのを契機として、諸大名が次々に家康へ味方するようになったという。そして、最後には三成一人に責任を負わせようと、切腹を迫ったとする。

『三河物語』の記載で注目すべきは、私婚問題から三成の失脚までを連続的に一連の流れで記している点にある。広く理解されている事件（通称、石田三成襲撃事件）の性格は、七将と三成の私戦である。したがって、三成が失脚したとしても事件の当事者として責任をとるのは当然といえ、徳川史観であれば因果応報として扱われるはずのところを、忠教は三成一人が責任を負うのは不当であるかのように記したのである。これは、事件の性格が七将と三成の私戦ではなく、私婚問題に始まる政争の延長線上にあるということではなかろうか。

もう一つ注目すべきは、七将が三成に政治的責任を負わせて切腹を迫ったとする点である。『関原軍記大成』では、前田利家が死去した閏三月三日、七将が大坂城で密談して三成暗殺を企て、それを秀頼に仕えていた桑島治右衛門が耳にして三成へ伝えたと記されているように、七将は自力で三成を殺害しようとしたというのが通説である。

しかし、『板坂卜斎覚書』によると、七将は家康に三成の制裁を訴え、家康は七将を宥《なだ》めたという。それに対して七将は、三成が過去に家康を討つ企てをしたことを挙げて家康の同意を得ようとしている。暗殺計画とは異なり、家康に三成の制裁（切腹）を訴えた事件となっているのである。その後、いったん家康と和解を済ませてから三成は伏見へ向かっており、加藤清正と黒田長政は合わせて約三千の鉄砲隊を率いて大雨の中、三成を追ったが、家康の意向が変わって「道中で三成を踏みつぶせ」という指示が出た時に備えての行動だったという。つまり、加藤清正らは移動中の三成を襲撃するのを家康に制止されていた。七将は家康の統制下にあり、私意で三成を襲撃することはできなかったのである。

ほかにも、『伊達日記』には、三成一人が悪逆の果てに切腹に及びそうなところを、佐竹義宣《さたけよしのぶ》が伏見から駆けつけて三成を警護し、伏見の屋敷まで送り届けたとある。『義演准后日記』は、大名十人くらいが申し合わせて訴訟に及んだと記している。また、福島正則ら大名衆が結託して三成に腹を切らせようとしたとする当時の風聞も残っている（『北野社家日記《きたのしゃけにっき》』）。

このように、当時の人物が記した記録から三成襲撃事件を見た場合、襲撃・暗殺計画といった性格のものではなく、七将が家康に三成の制裁（切腹）を訴えたというものとなる。

仮に家康の同意が得られた場合、七将は実力行使で三成を切腹へ追い込んだかもしれない。しかし、この場合、家康の決定を行使したという位置づけになるため、七将の武力行使から「私戦」という面は薄れてゆく。

四　事件の背景

続いて、七将の動機が慶長の役の際に三成に対して抱いた私怨によるものとする点を検証していきたい。

七将が三成に私怨を抱いた原因は、慶長の役の中でも蔚山《ウルサン》籠城戦後の処分問題にあったとされている（笠谷二〇〇七）。その理由として、秀吉に籠城戦後の追撃中止を咎められた蜂須賀家政と黒田長政の処分が、事件後の閏三月十九日に五大老の連署状（『毛利家文書』）をもって撤回されたこと、また、

『看羊録』に処分問題に対する遺恨が武力蜂起の原因である旨が書かれていることが根拠となっている。そこで、七将の面々と処分問題との関わりを照らし合わせていきたい。

まず、浅野幸長と加藤清正は蔚山城に籠城していたため最も関わりが深い。蜂須賀家政と黒田長政は蔚山城へ救援に駆けつけたものの、明軍を追撃しなかったことを秀吉に咎められている（『島津家文書』）ので、両者にも関わりがある。

また、『看羊録』では藤堂高虎と加藤清正も秀吉から譴責を受けたとされる。内容は次の通りである。

〔史料15〕

丁酉（慶長の役）の役から還って来た福原右馬助（長堯）なる者が、治部（三成）を通じて、〔諸部隊が〕留まったまま進軍しなかった、と〔秀吉に〕諸将を尽く訴えた。阿波守（蜂須賀家政）・甲斐守（黒田長政）・佐渡守（藤堂高虎）・清正（加藤）・主馬頭長政（早川）・竹中源介（重利）らが、みな譴責された。賊魁（秀吉）は、主馬頭（早川）や源介（竹中）らの、豊後六万石の領地を奪って、右馬助（福原）への賞とした。

蔚山籠城戦に加わっていない藤堂高虎の名があることや、早川長政《はやかわながまさ》と竹中重利《たけなかしげとし》（重隆《しげたか》）の領地没収が書かれていることから、蔚山籠城戦後に朝鮮在陣諸将が発案した蔚山・順天《スンチョン》の放棄による戦線縮小案（『島津家文書』）をめぐる問題についての記述と考えられる。姜沆は、福原長堯《ふくはらながたか》（直高《なおたか》）ら軍目付《いくさめつけ》が戦線縮小案の非を秀吉に訴えたことが清正らの遺恨へ繋がったと認識していたのである。

このように、七将のうち五人は蔚山籠城戦や、その後の戦線縮小案に関わっている。しかし、細川忠興・福島正則は関係を見出し得ない。『板坂卜斎覚書』が七将を「高麗陣七人衆」と記していることや、『看羊録』の記述などを踏まえると、蔚山籠城戦後の追撃中止や戦線縮小案をめぐる処分問題など、朝鮮半島での政治的軋轢が事件の起因であることは間違いない。しかし、事件の直接的な起因をこうした政治的軋轢のみに求めた場合、蔚山籠城戦や戦線縮小案と関わりのない細川忠興と福島正則には動機が見出せないのである。もっとも、七人も人数がいれば全てが共通の思惑で行動するのは難しいかもしれない。しかし、共同戦線を張っている以上、共通の大義名分があるはずである。

ここで、前述した『板坂卜斎覚書』の記述を振り返ると、家康から三成の制裁について同意を得られなかった七将は、三成が過去に家康を討つ企てをしたことを挙げて家康の同意を得ようとしていた。七将の行動が、「大義名分」と個々の「思惑」の二つで成り立つとした場合、慶長の役の際に抱いた私怨は「思惑」にあたり、表向きは、私婚問題をはじめとする家康と反徳川勢力の間に起きた政争の責任を三成に負わせようというものだったのだろう。

つまり、個々の思惑がどうであれ、この事件は私戦ではなく、政争として展開している。『三河物語』が、私婚問題から三成の失脚までを連続的に一連の流れで記しているのはそのためだろう。このことは、大久保忠教が「最後には石田治部少輔一人に責任をかけて」と、三成一人が責任を負うのは不当であるかのように記している点からも窺うことができる。

五　事件前夜の動静

事件が前田利家の死から間髪を容れずに起きていることから、利家の死が事件の引き金となった点は疑いない。しかし、利家が、清正ら武功派と三成ら吏僚派の対立を緩衝していたため、その不在によって事件へ発展したという理解は正しいのだろうか。利家が、武功派と吏僚派の対立を緩衝していたと仮定しても、利家の死から一日も明けることなく事件となるのは早すぎる。この点を検証するため、まずは事件前夜の動静を見ていきたい。

『言経卿記』三月二十九日条には「一昨日より大坂に雑説有云々」とあり、三月二十七日頃から大坂で不穏な空気が流れていたようである。また、家康は三月二十七日付けで前田利長に書状を送っている(『内閣文庫所蔵文書』)。書状によると、家康は雑説となっている問題は静まったと認識していたようであるが、念のため利長に情報提供を求めている。また、この時、細川忠興が病床にある利家の見舞いのために大坂へ下っていたため、忠興と相談するよう助言している。

家康は前日(三月二十六日)にも利長へ書状を送っている(『徳川恒孝氏所蔵文書』)が、そこには雑説について記されていないことから、大坂の雑説は、二十七日に伏見へもたらされたと考えられる。雑説について、家康は利長に忠興と相談するように求めていることから、内容は利家の容体に関することではなく、朝鮮半島での政治的軋轢についてではないかと思われる。

『関原軍記大成』によると、慶長四年三月十三日に加藤清正・黒田長政・浅野幸長は、池田輝政・福島正則・細川忠興・加藤嘉明を味方に引き入れて三成に使者を派遣し、蔚山籠城戦の際に軍目付の福原長堯・垣見一直《かきみかずなお》・熊谷直盛《くまがいなおもり》・太田一吉《おおたかずよし》が清正らの軍功を詳細に秀吉に報告しなかった非を訴え、福原長堯らの切腹を要求したとある。清正らが福原長堯の死を望んでおり、三成らが長堯を援助したことは、『看羊録』にも記されているため、こうした動きがあったことは確かだろう。

また、『看羊録』によると、福原長堯らに対する切腹要求と並行して、朝鮮半島撤兵に際しての和議不成立の問題が挙がっている。小西行長《こにしゆきなが》は、清正が和議成立の直前にぶち壊したと訴え、輝元らは行長の側に立ったという。そして「議論はもつれにもつれ、反目はますます深まった」としている。

『関原軍記大成』によると、対立構造は小西行長が加藤清正・鍋島直茂《なおしげ》・黒田長政・毛利吉成《よしなり》（勝信《かつのぶ》）を訴えたものだった。『九九年度年報』は、小西行長の側には、石田三成、有馬晴信《ありまはるのぶ》、大村喜前《おおむらよしあき》、島津義弘、立花宗茂《たちばなむねしげ》（親成《ちかなり》）および高橋直次《たかはしなおつぐ》・筑紫広門《つくしひろかど》（茂成）、小早川秀包《こばやかわひでかね》、寺沢広高《てらさわひろたか》が挙げられ、対する側には浅野長政、加藤清正、黒田長政、毛利吉成、鍋島直茂がいたとする。

朝鮮半島での政治的軋轢は、二つの問題が並行して動いていたため、片方が相手側を一方的に追い詰めるというものではなく、展開によっては自身が追い込まれる可能性を秘めた予断を許さない問題だった。それゆえに対立は激化したと考えられる。『九九年度年報』は次のように記している。

［史料16］

そのためこの両派は、もはや憎しみを隠さず互いに反目していた。そして彼らは都［ここに国主たちの居所がある］に到着すると、互いに批判を開始し、それに諸々の罪のなすり合いをし、そのうえ浅野弾正（長政）派は、全力を注いで自分の敵側の者を打倒しようと努めた。そして（徳川）家康その他の大名たちは、皆が敵対心を捨てて固い友情が結ばれるように何も試みないわけではなかったが、（小西）アゴスチイノ（行長）に有利に奉行所から宣告が下される以前には、彼らは何も推進させることはできなかった。しかし浅野弾正派の人々はそれで黙るべきではないと判断し、自分の意見の方へ他の重立った者、および特に主君の側にいるのを常としていた人たちを引き入れるに至ったので、ついに日本国のすべてが内乱に燃え立ち始め、これによって日本国の変革が恐れられていた。

家康は騒ぎ（雑説）が収まったと認識していたようであるが、実際は『北野社家日記』三月二十九日条に「今夜伏見一段さハき《（騒ぎ）》申し」とあり、『多聞院日記《たもんいんにっき》』閏三月一日条にも「伏見物忩《（騒）》の由申し候」

とあるように、騒ぎは収まるどころか、むしろ伏見にまで波及していった。しかし、［史料13］にも「（伏見と大坂の）二城内では、諸々の武具の喧騒が非常に大きかった」と記されているように、こうした騒動は三月末に突然見られるようになったものではなく、正月の私婚問題の段階からすでに見られた点は留意すべきである。

六　前田利家の死と事件の勃発

三月末の段階で大坂・伏見に不穏な空気は漂っていたものの、事件へと発展することはなかった。これは［史料13］が伝えるように、刀の鞘《さや》を払ったら最後、収拾がつかなくなることを皆が理解していたからだろう。正月の私婚問題から三月末まで、それを踏まえた上で緊張が続いていた。

しかし、閏三月四日になると大きな動きが見られるようになり、石田三成が大坂から伏見へ移動している（『言経卿記』）。従来、三成は伏見の徳川邸へ駆け込んで匿《かくま》われたとされていたが、実際に三成が入ったのは伏見城内にある三成の屋敷だったことが、『関原軍記大成』の「三成は伏見の城内に入りて、わが屋敷に楯籠もる」という記述や、『多聞院日記』、『板坂卜斎覚書』の記述から明らかとなっている（笠谷二〇〇七）。

石田三成襲撃事件に暗殺や私戦といった性格はなく、七将の行動は家康に三成の制裁（切腹）を訴えたものだった点は前述の通りである。では、なぜ三成は大坂から伏見へ移動しなくてはならなかったのだろうか。それは、毛利輝元が叔父の毛利元康《もとやす》に事件の状況を伝えた書状（『厚狭毛利家文書』）から窺うことができる。

［史料17］

誰かを使いに赴かせて伝えたかったのですが、左様の者には用を申し付けており（赴く）時間が全くないので、まずは書中にて申します。

一、①治少（石田三成）より（使いとして）小西（行長）・寺沢（広高）が来て（申すには）、（三成を追って）狙って来た者は一向に成果を上げられずに結局、手詰まりの状態である。今このようになっている（良い機会な）ので、こちらから仕掛けるのが良いでしょう。そして、輝元は天馬のように下って布陣し、尼崎（兵庫県尼崎市）を押さえて欲しいと申しておりました。

一、②表向きはそのように申しておりましたが、彼衆（小西・寺沢）が申すには、御城（大坂城）は彼方衆（清正ら）に押さえられていると聞いています。此方衆（三成陣営）は出入りを止められて立ち入れないとのことです。

一、③増右（増田長盛）が申されるには、とにもかくにも治少が身を引かないことには解決できないと（家康が）申していたとのことです。

一、④右の次第のため、もはや彼方（清正ら）へ皆なびいたと聞いております。このような時は、舵の取り方が肝心なので、禅高《山名》・兌長老《西笑承兌》を頼って内々に調略（和解）するのが良いと安国《安国寺恵瓊》は申しておりました。（両人のうち）いずれも間もなくこちらへ来て相談することになっています。禅高は折しも昨日に来られました。いろいろと仲裁しようとしておりましたので、こちらが申せば（和解は）成るでしょう。（元康は）いかがお考えでしょうか。お考えを承ります。

一、⑤上様《秀吉》が御命じになられたとのことで、内府《家康》と景勝《上杉》の縁組を、昨日に増右が双方を仲介して決めました。（輝元は）内心それに従うことはできません。公儀のことは上様の御意のままに従うと景勝は申したとのことですが、これも本当かどうかわかりません。とにもかくにも、もはや成立しようとしておりますので、ここはよく判断しなくてはなりません。

一、⑥御城《大坂城》の番には、こいて《小出秀政》・かたきり《片桐且元》がおります。この者たちは「内府かた」です。このような時は、何もかも好ましくない成り行きです。

一、⑦大刑少《大谷吉継》が申されるには、下屋敷へ下ることは良くないことです。内府に対抗するようにとのことです。治少へも、この前に秀元《毛利》に三千の兵を付けて派遣したと報せました。大刑は（状況を）よくわかっているので、全くそうではないと伝えるつもりです。（輝元がこの件を）引き受けて（三成に）味方するのは無益です。数合わせをするのが良いとの（吉継の）内意です。

一、⑧下屋敷の普請は申し付けましたでしょうか。いかがでしょうか。申し付けて当然と思います。（元康の）お考えを承ります。最初に概略を申します。時間がありましたら、何であっても連絡してください。

一、[⑨]（元康の）御気分はいかがでしょうか。（中略）

内々に（徳川方と和解の）協議（を進めるの）は此時です。かしく。

書状は日付を欠いているが、前日に山名禅高《やまなぜんこう》（豊国《とよくに》）が仲裁に訪れたとあるため、三成が伏見へ入った閏三月四日から一日以上が経過した五日以降のものであることがわかる。書かれている情報から、五日のものではないかと思われる。

書状によると、輝元のもとを小西行長と寺沢広高が訪れて、三成からの要請を伝えた。行長と広高は、三成が「この両人、拙者は特に親しくしています」（『島津家文書』）と述べるほどの仲だった。三成は、こちらから仕掛けるべきであると積極的な姿勢をとり、輝元へ出兵を要請した。毛利軍を伏見から尼崎へ下らせることで大坂にいる敵を牽制させる構想だろうか。

しかし、行長と広高は大坂の正確な情勢も輝元に伝えており、大坂城は清正らに押さえられて、毛利・石田方は城に入ることができない状態だったという。その要因について輝元は、大坂城の在番である小出秀政《こいでひでまさ》と片桐且元《かたぎりかつもと》が「内府かた（徳川方）」だったためとしている。

輝元は、小出秀政や加藤清正らを「内府かた」と表している。西軍が家康を弾劾した「内府ちかひの条々」には「若い衆を煽動して、徒党を立てさせたこと」とあり、また、慶長五年（一六〇〇）七月三十日に石田三成が真田昌幸《さなだまさゆき》へ宛てた書状（『真田家文書』）にも「彼仁《(家康)》を徒党の大将と致し」とあり、当時、家康を中心とした党派（徳川党）が形成されていたのである。

大坂城は徳川党の拠点と化していた。『九九年度年報』にも徳川党による大坂城占拠の様子が記されている。

［史料18］

ついに家康は、太閤様の息子である主君（秀頼）が住んでいた大坂城を占拠した。しかも彼は、このことを心中の意図によって非常に狡猾にやってしまい、そのため奇襲攻撃を受けた援軍に来ていた敵方には防衛の余裕を与えなかった。（大坂）城から遠くない邸にいて、六千の武装した軍勢に護られながら夜を過ごしていた（石田）治部少輔は、この思いもかけぬ不幸を阻止することができなかった。（石田）治部少輔はこの窮地に追い込まれると、同僚の統治者たちの権力下にあった伏見の城へ赴いた。

大坂城を家康に占領されたために、三成は「同僚の統治者たち」のいる伏見へ向かったという。当時の五大老・五奉行の居所は、徳川家康・毛利輝元・上杉景勝・増田長盛・長束正家・前田玄以が伏見であり、前田利長・宇喜多秀家・浅野長政・石田三成は大坂である（水野二〇一六a）。実際は［史料18〕に記されているような軍事クーデターを彷彿させる占領劇ではなく、三成が大坂城へ登城できないように門の周辺を兵で封鎖した程度と思われるが、大坂城には城内にも小出秀政や片桐且元といった徳川党の者がおり、大坂城は完全に徳川党に押さえられた。

七将は三成の大坂城への登城を封じることで、三成の政治的影響力を奪い、家康主導のもとで三成を切腹へ追い込もうとしたのではないかと思われる。また、五奉行の中で唯一、三成と共に大坂にいた浅野長政は三成と対立関係にあり、後述するように長政は事件において息子幸長と共に徳川党として活動している。こうした動きを受けて、三成が毛利輝元ら反徳川勢力の集まる伏見へ移ろうと考えるのは自然の成り行きだった。

三成は伏見へ向かう際、道中の安全を確保するために、家康の了承を得た上で向かっている（『慶長見聞書』）。事前に伏見―大坂間で交渉が行われたあとで三成は移動していることから、使者の往復にかかる時間を踏まえると、七将らが大坂城を押さえたのは閏三月三日である可能性が高い。ではなぜ、突如として緊張状態という名の均衡が破られ、七将ら徳川党は大坂城を押さえるという行動を起こしたのだろうか。

これには閏三月三日朝に前田利家が歿した（『亜相公御夜話』）ことが大きく影響していよう。仮に七将が利家の生前に大坂城を押さえる暴挙に出たあと、利家が快復に至った場合、大坂の監督を任されていた利家は面目を潰されたことになり、決して七将を許さないだろう。利家が快復する可能性を完全に否定することができない以上、利家が生存している間、七将は行動を起こすのを控えていたと思われる。刀の鞘を払うという最低限の禁忌を犯すことはなかったものの、利家の死を契機として七将が行動を起こしたことは、利家の存在が抑止力となっていたことの表れである。では、利長の存在は恐れていなかったのかというと、実際に行動に移している点から、七将の中に、利長は七将を咎めることはないという公算があったと思われる。

閏三月七日付け鍋島直茂書状（『鶴田家文書』）によると「利長と家康はとりわけ相談して（良好な関係なので）年寄衆五人の内で過半は家康に（和解を）申し入れた」とある。「年寄」が五大老と五奉行のいずれを指すかであるが、文脈上「年寄衆五人」の中に家康と利長は含まれないだろう。「年寄」を大老衆とするのであれば、「五人」ではなく、家康と利長を除いた「三人」という書き方になるからである。

また、閏三月九日付け鍋島勝茂書状（『坊所鍋島家文書』）には、「御奉行中・御年寄衆」の関係が噂となっているので、この頃、伏見・大坂が騒がしく雑説が飛び交っているとある。直茂の子である勝茂が「御奉行中」を先に記している点も、「奉行」が五大老、「年寄」が五奉行を指しているのではないかと思われる。

したがって、鍋島直茂書状の解釈は、利長と家康はとりわけ相談して良好な関係なので、五奉行の内で過半は家康に和解を申し入れたとなる。利長は七将の背後にいる家康と良好な関係を続けていくことを望んでおり、家康に同調した。七将はそれを読んでいたと思われる。

七　伏見入城後の三成の動静

［史料17］四条目によると、多くの諸将が徳川党のほうへなびいていたという。安国寺恵瓊の助言は、山名禅高や西笑承兌《せいしょうじょうたい》といった仲裁に奔走している者たちを頼って和議を進めていくというものであり、軍事力での勝利は期待できなかったといっていい。

また七条目では、大谷吉継が輝元に家康と対峙するよう要請しているが、その内意は軍事均衡を図ればいいというものだった。輝元は、吉継は現状をよく理解している人物と評価しており、三成には毛利秀元に三千の兵を付けて派遣したと伝えたものの、その情報は嘘であることを吉継に伝えるつもりだとしている。ここから、抗戦的な姿勢を見せているのは三成のみであり、ほかの面々は芳しくない現状を直視して解決の糸口を探っている様子が窺える。

この時の輝元の居所は、伏見の上屋敷だった。事件当時、輝元が家臣の粟屋元貞《あわやもとさだ》へ宛てた書状（『國學院大學図書館所蔵文書』）によると、輝元は密かに弓衆約十人を連れて上屋敷へ入ったという。『板坂卜斎覚書』は、加藤清正と黒田長政が約三千の鉄砲隊を率いたとしているが、輝元は約十人の弓衆で軍備を調えたと思っているので、清正と長政も（待機させている人数は別として）武装させて率いた兵は各十人前後だったのではないかと思われる。双方共に手勢の用い方は、拠点の確保・防衛、敵方への牽制にあり、合戦をするつもりは全く無かったのだろう。

ここで注目したいのは、吉継が下屋敷へ下るのを制止しているように、徳川党と毛利・石田方の交渉において、輝元の下屋敷移動が争点となっている点である。輝元の上屋敷は、伏見城の西に位置し、蜂須賀家政邸が南に隣接している。下屋敷は、上屋敷の西に隣接する位置にあり、堀尾忠氏《ほりおただうじ》邸が南に隣接、道を挟んだ北には福島正則邸、道を挟んだ西には池田長吉《いけだながよし》（輝政の弟）邸がある。また、上屋敷と伏見城大手門の間には前田利家邸、池田輝政邸、浅野幸長邸が位置している。下屋敷と上屋敷では、上屋敷のほうが伏見城に近いものの、隣接しているため大差はなく、上屋敷でさえも、立地上、伏見城内の三成との連携において絶対的に適しているとは言い難い状況である。このような状況で下屋敷移動が争点となっているのは、書状の中で輝元が述べているように下屋敷は普請中であり、上屋敷ほど防御は固くないことが推測できる。下屋敷移動は、輝元の武装解除を意味するのではないだろうか。

また、［史料17］五条目には、増田長盛を仲立ちとして家康と上杉景勝の縁談が調ったとある。その後、実行されていないために子細は不明だが、事件が未解決の時に突如として縁談が浮上するとは考えられないので、おそらく家康の私婚問題の軌道修正として以前から上がっていた話が、事件の早期解決を図るために急いで調えられたということだろう。

八　事件の展開と収束

閏三月五日付けで家康が浅野幸長へ宛てた書状によると、家康は幸長が手勢を率いて伏見に来ることを了承している（『譜牒余録』）。「弾正《（浅野長政）》具《つぶさ》に申さるべく候」とあることから、この書状が書かれた時は、幸長はまだ大坂に居たと考えられる。

また、同日付けで七将へ宛てた書状も出されており、「その地、御番の儀」は「両人」（使者となった家康の家臣二人）が話したようにすることと述べている（『譜牒余録』）。「その地、御番の儀」とは大坂城の押さえと思われ、大坂城の押さえについて具体的な指示が伝えられたと考えられる。この記述から徳川党の大坂城占拠に七将が深く関わっていたことが裏づけられる。

三成が伏見へ移動し、家康も伏見に居たため、事件は伏見を中心に動いたが、展開によっては家康が大坂城へ入る可能性もあったのではないかと思われる。そして二つの書状から、七将が家康の指示のもとに行動していたことが明らかとなる。家康は、事件の仲裁者としてのイメージが強いが、徳川党の盟主として七将に戦略的な指示を出していたのである。

『言経卿記』閏三月七日条によると「今日も騒動」「伏見雑説に付て京都騒動」とあり、『北野社家日記』同日条にも「大坂・伏見、もっての外さハキ《（騒ぎ）》申」とあり、七日になっても騒動は続いていたようである。

『義演准后日記』同日条は「世上静謐、珍重」と記している。他史料と比較すると違和感があるが、後述するように、七日に家康と輝元の間では内々に事件の裁定がまとまっているため、現状から乖離したものではない。

また、前述した閏三月七日付け鍋島直茂書状にも、過半は家康の思い通りになっていると記されており、五奉行の過半は家康に和解を申し入れたともあるので、事件が収束に向かっていることは周知されていたのだろう。同史料の記述は「備前殿、中国まて相すみ」と続く。おそらく宇喜多秀家と毛利輝元も和解したという意味ではないだろうか。宇喜多秀家は『関原軍記大成』の記述では、三成を大坂（備前島）の宇喜多邸で匿っているので三成寄りの立場をといえるが、管見の限りでは一次史料から事件における動向を探ることはできない。しかし、この記述からは通説通りに秀家が三成側に立っていた可能性が考えられる。

また、同史料によると、三成は処分に対して反発したようだが、七日の段階では解決する見通しが立っていた。しかし、三成のほかにも問題が解決していない者が数人いたとしている。そして「ただ今も、弓・鑓取あはせ、走あひ候儀、やみ申さず候」という記述は、『言経卿記』、『北野社家日記』の記述と重なると共に、騒ぎを起こしている者が武装した軍勢だったことがわかる。

七日まで騒動は依然として続いていたが、翌日にはほぼ収束したようである。『言経卿記』閏三月八日条には、北政所《きたのまんどころ》（秀吉の正室）の仲裁によって事件は解決したとあり、『北野社家日記』同日条によると、松梅院禅昌《しょうばいいんぜんしょう》（北野天満宮祠官）は伏見で大谷吉継から事件の解決を聞かされている。この日、家康が大坂にいる藤堂高虎へ宛てた返書によると、高虎は大坂の騒ぎが静まったことを家康に報じており、これを受けて家康も伏見の騒ぎは静まったと報じている（『高山公実録』）。

閏三月九日付けで家康が福島正則・蜂須賀家政・浅野長政へ宛てた書状（『浅野家文書』）には「石田治部少輔、佐和山へ閉口に相定まり、明日参るべく候、子息、昨晩我ら所へ越され候」とあり、三成の処分は九日には正式に定まっていたことがわかる。また、八日晩には三成の息子重家《しげいえ》が家康のもとへ赴いていたことがわかるため、三成の処分の決定は八日まで遡ることができよう。

『看羊録』に「治部は、首謀者であったので、自分の子を家康の人質にした」とあるように、重家は人質と思われるが、おそらく三成が佐和山へ下るまでの一時的な処置だろう。『北野社家日記』閏三月十日条には「今朝石田治部少殿さほ山《（佐和山）》へ下り、治少隠居也、隼人殿《（重家）》に家をゆつり《（譲）》申され候」とあり、三成の隠居に伴って重家が石田家の当主となっている。当主である重家が人質として留められるとは考え難く、結城秀康が三成の佐和山下向に同行して戻ってくるまでの限定的な処置と思われる。

鍋島勝茂も閏三月九日付けで書状を記し、国許《くにもと》にいる伯父の信房《のぶふさ》らへ事件の様子を報じている（『坊所鍋島家文書』）。同史料によると、大老衆・奉行衆の関係が噂となっているので、この頃、伏見・大坂が騒がしく雑説が飛び交っており、ここ数日は三成が窮地に立たされていたが、昨日（八日）解決したので当分は静謐になるだろうとの見通しを述べている。そして、先日、上方へ鉄砲隊を上らせるよう指示した命令を撤回している。

鍋島勝茂書状の記述から、事件の対立構造が三成と七将といった個人間のレベルではなく、党派間の対立だったことが裏づけられる。また、鍋島氏は、朝鮮半島撤兵に際しての和議不成立の問題において加藤清正や黒田長政らと行動を共にしていたので、徳川党に近い立場といえるが、直茂や勝茂の書状の記述から、鍋島氏は事件の当事者ではなく、第三者の立場にあったことがわかる。鉄砲隊についても、警固を目的としたものだろう。しかし、こうした第三者の立場にあった大名でさえも、国許から鉄砲隊を呼び寄せようとしていた点は重要である。騒動は、七将ら当事者の軍勢だけではなく、第三者の立場にあった大名も大事に備えようと武装を図ったことにより、さらなる緊張を招いたと考えられる。

九　『厚狭毛利家文書』から見る和解交渉

ここまでの検討で、閏三月四日に三成が伏見城内の屋敷へ移動し、八日に三成の処分が公表され、同日晩に石田重家が家康のもとへ赴き、十日に三成は伏見を発って佐和山へ蟄居《ちっきょ》したという大まかな事件の流れはつかむことができた。ここからは『厚狭毛利家文書』にある毛利輝元書状から和議に向けた動きを探っていきたい。毛利輝元が叔父の元康に事件の状況を伝えた書状は、筆者が閏三月五日と措定したもののほかにも五点が確認されている。詳細な内容が記されているものの、いずれも日付を欠いている。便宜上、筆者が閏三月五日と措定した［史料17］を書状Aとし、書状BからFまでを時系列に見ていきたい。

書状Bは、冒頭で事件は未だ解決していないとしているが、誓紙の交換という形で和議の内容が具体化され、書状Aの時から進展を見せている。書状の作成日は六日から七日に絞られるが、書状Cの内容を踏まえると六日に書かれたと思われる。書状Bの内容は次の通りである。

［史料19］

訴訟の調停のことは、未だ済んでおりません。増右《増田長盛》・治少《石田三成》が申されるには、景勝《上杉》と私の決定に従い、どうか決めてきて欲しいとのことでしたので、景勝と相談して（徳川方に）意向を伝えました。（長盛と三成は）状況をわかっていると思います。（徳川方との協議の）成り行きを申します。

一[①]、昨夜、禅高《山名》が来て話をしました。内府《家康》の懇意は並大抵ではないとのことです。その上、誓紙を取り交わそうと申していたとのことです。まさしく異論はありません。御安心ください。

一[②]、（輝元が）下屋敷へ下ると（家康は）聞いて、それが良いと申したそうですので、さらに（家康に）尋ねるように（山名禅高に）申しました。（家康は）一段と同意を示したと聞いています。ただいま荒れ回っている者は（輝元と）協調する姿勢が少しもなく、そこもまた用心が必要と聞いています。賢慮が必要です。成り行きは引き続き伝えていきます。

一、③（元康の）御気分が良いとのこと。肝心です。時分柄、なおいっそう気を緩めてはなりません。昨夜も外で騒ぎがあったようですが、禅高と夜中まで話し合っておりましたので（騒ぎがあったことは）知りませんでした。（輝元は）早々に（騒ぎが）静まるようにと申しておきました。かしく。

書状Bによると、増田長盛と三成は事件の解決を輝元と上杉景勝に委ねており、書状Aでは抗戦的だった三成の姿勢にも変化が見られる。家康と輝元・景勝は、表向きは事件の仲裁者だったが、家康が七将の要求を代弁し、輝元・景勝は三成・長盛の側に立っていたことは明らかであり、実質的にはそれぞれの勢力の代表者として交渉を行っていた。通説では、家康は仲裁者として事件の裁定を下したとされているが、実際は勝利者としての裁定といえる。

二条目では、家康は輝元の下屋敷移動の話を聞いて同意したとあり、すでに輝元が下屋敷移動の意向を伝えていたことがわかる。文中の「荒れ回っている者」とは、加藤清正や黒田長政ことだろうか。彼らが和議の動きに反発していたことを伝えようとしたものと思われる。また、昨夜も外で騒ぎがあったようだと述べているところからは、『言経卿記』にも「今日も騒動」とあるように騒動が何日も続いていた様子が窺える。

続いて書状Cは、追而書《おってがき》に和議についての返事が来ていない旨が書かれているので、これも六日から七日に絞られる。内容は次の通りである。

［史料20］

書中を拝見しました。誠に今はますます彼《(家康)》との和睦が必要です。安国寺《(恵瓊)》へもそう申しました。彼方《(家康)》はことのほか懇意だと聞いています。なおのこと和睦が肝要です。

一、①そちら《(下屋敷)》の普請はとにもかくにも早々に完了させて下りたいと思っておりますので、普請を急いでください。榎中《(榎本元吉)》と（普請について）相談してください。

一、②彼《(家康)》とのことを口外するのは大変良くないことです。言語道断です。その用心を第一にしてください。（中略）

一、③（元康の）御気分が早々と良くなったとのこと、一段と悦ばしいです。なおいっそう油断があってはなりません。灸で療養するのが良いでしょう。恐々かしく。

（追而書）訴訟の調停の返事は未だありません。返事がありましたら、連絡いたします。

輝元は、下屋敷の普請を早々に完了させて下りたいと述べているので、書状Cの時には下屋敷への移動がほぼ確実になったと思われる。輝元は元康に徳川方との交渉に関する情報を口外しないよう念を押しており、また、和議の返事が届いていないことに焦りを感じているところから、予断を許さない状況が窺える。続いて書状Dの内容は次の通りである。

［史料21］

昨日、彼方《（徳川方）》との協議が、このように決まりました。

一、①治少《（石田三成）》の身上、訴訟の調停について三人衆へ申し渡しました。彼らもこの間、調停に関与していたからです。治少が一人、佐和山へ隠居して天下のことに関与しないようにとのことです。これにて（この件は）決着させるつもりです。増右《（増田長盛）》のことも皆が色々と申しておりますが、治少一人（の処分）で決着させるというのが（家康の）内意です。そのように言っても、増右はそのままではいられないでしょう。（三成と）同じ様になると思います。この程度で決着するのであれば、良いと思います。

（追而書）治少は、ことのほか嘆いていたとのことです。長老《（西笑承兌）》の文《ふみ》を見て（処分を知り）涙を流していました。この書状のことは、家康から一段と内密にして欲しいと言われています。誰にも口外してはいけません。よくよく心得てください。梅りん《（林就長）》・渡飛《（渡辺長）》・児若《（児玉元兼）》をそちらへ呼んで内密に伝えてください。（輝元が）呼び寄せて伝えれば、仰々しくなってしまいます。（この件は）少しも口外してはなりません。（三人にも）堅く伝えてください。かしく。

書状Dは、前日に徳川方との協議が決着し、三成の処分について「三人衆」に伝えたとある。しかし、家康から内密にするようにとの打診が出ていたように内々の取り決めであり、正式な裁定には至っていなかった。

三成の処分は、佐和山へ引退して天下のことに関与しないようにという厳しい処分だった。実際に三成は、慶長五年（一六〇〇）七月十七日に西軍が決起したあともすぐには奉行衆に復職しておらず、復職できたのは八月一日（あるいは七月三十日）頃であり、決起から約半月の期間を要した（水野二〇一八c）。

また、七将は増田長盛の処分も要求していたようだが、家康の内意は三成一人の処分で済ませるというものだった。それにもかかわらず、輝元は長盛も三成と同様の処分になるだろうとの私見を加えている。七将らの反応次第で裁定が変わる可能性もあったということであり、家康の意向に清正らが必ずしも従うとは限らない状況を示している。また、長盛も処分されそうになっていることは、この時の争点が福原長堯の切腹から、奉行衆に対する政争の責任追及へとシフトしていたことを意味していよう。

追而書には三成の様子が記されており、仲裁にあたっていた西笑承兌からの書状を見て涙を流したとある。このことから、三成の処分は西笑承兌の書状で伝えられたことがわかる。そして家康からは、この書状の内容を内密にするよう打診があったという。そのため、輝元は元康に口外を禁じると共に、林就長《はやしなりなが》・渡辺長《わたなべはじめ》・児玉元兼《こだまもとかね》にこのことを伝えるにあたっては、輝元が呼び寄せて伝えると仰々しくなるので、元康のほうから内密に伝えるよう命じている。三成の処分が決まりながらも、未だ公にはされていない状態であり、八日以前の書状であることがわかる。八日には、事件の解決が公にされているため、七日に書かれた可能性が高い。

なお、輝元が三成の処分を伝えた「三人衆」について、光成準治氏は書状Eとの関連から蜂須賀家政・黒田如水・加藤清正と措定している（光成二〇一八）。しかし、書状Dから、三成の処分に関する情報を慎重に扱っていることがわかるため、事件の当事者であり、かつ殺気立っている家政・如水・清正に伝えたとは考えられない。文中に調停に携わっていたとあるので、家康と輝元を除いた大老衆の上杉景勝・宇喜多秀家・前田利長ではないだろうか。

書状Eは、冒頭で「両三人」に書状の内容を伝えているか念を押しており、光成準治氏はこの「両三人」を書状Dに出てきた林就長・渡辺長・児玉元兼であるとして、書状Dのあとに出された書状とする（光成二〇一八）。ここは光成氏の説に従いたい。林就長らに西笑承兌の書状の内容を伝えたか念を押しているところから、書状Dから一日は経過していると思われるので、八日に書かれた可能性が高い。内容は次の通りである。

［史料22］

両三人にお伝えになりましたでしょうか。そのようにしてください。

一、[1]下屋敷へ（移る）ことは当然です。私はそのように申しました。このことは一刻も急ぎたいです。ただいま安国寺《恵瓊》へも申し伝えました。（下屋敷の）塀の普請を第一に急ぐよう榎中《榎本元吉》に伝えよということです。御方《元康》からも（榎本元吉に）仰ってください。

一、[2]蜂阿《蜂須賀家政》・如水《黒田》・加主《加藤清正》は（裁定に）反対することに決めました。とにもかくにも、もはや中国（地方）の大事となりました。しかし、家康の懇意は並大抵ではないとのことです。彼衆《三人》（の行動に家康は）同意していないと聞いています。（元康の）お考えを何度でも昼夜承ります。かしく。御方《元康》御気分が良いことが肝心です。なおいっそう気を緩めてはなりません。

一条目で下屋敷の普請を急がせており、塀の普請を最優先にしていることから、輝元は防御力が気がかりだったようだ。武装解除を示すための移動とはいえ、塀が頼りないのは安心できなかったのだろう。この時、輝元の下屋敷移動は確定していたものと思われる。

二条目では、毛利氏と関係の強い蜂須賀家政、黒田如水、加藤清正が裁定に異論を唱えていると知り、毛利氏にとって大事であるとまで述べている。おそらく三成ら奉行衆が清正らの望むかたちで処分されなかったことに対する不平不満だろう。しかし、一方で家康は好意的であるとしているので、清正らは家康の意向とは違った姿勢を示しており、家康が清正らを抑えきれていない様子が窺える。
書状Fは、調停の正式な決着を伝えているほか、元康を呼び寄せようとしている（書状Dのように仰々しくなることに配慮していない）ので八日以降のものであり、昨夜に石田重家が家康のもとへ赴いたとあるので九日に書かれた書状と考えられる。内容は次の通りである。

［史料23］

調停が決着し、治少《石田三成》は佐和山へ行き、息子《石田重家》は大坂にあって秀頼様へ御奉公するようにとなりました。挨拶として、昨夜に内府《家康》（のもとに）息子《重家》がやって来ました。右の成り行きを知らないのだろうか、昨夜も大騒ぎしていた所もありました。

（追而書）安国寺《恵瓊》が間もなく治少のところへ赴きます。（三成から）いっそう子細を聞いてくることになっています。内府の所へも赴き、いろいろと相談するようにと（恵瓊に）申してあります。（元康の）気分が悪いとのこと、気の毒で仕方ありません。御気分が快復されましたら、のちほど（輝元のもとへ）御出でください。かしく。

事件は決着となったが、騒ぎを起こす者も一部いたようである。このことは前述の閏三月九日付け鍋島勝茂書状の内容とも重なる。おそらく加藤清正らのことだろう。

清正らは事件の裁定に不満を抱いていたようであり、『三河物語』は三成の処分を聞いた清正らが「道中に押しかけて腹を切らせよう」と口にしたとしている。清正らの姿勢は予断を許さないものがあり、強行的に三成を切腹に追い込みかねない状況だったのだろう。そのため、家康の二男である結城秀康が三成を護送する厳戒体制がとられた。『多聞院日記』閏三月十一日条には、三成は佐和山へ向かう際に家康の子を人質にとって城へ入ったとしており、『九九年度年報』にも「治部少輔が、彼らの間の安定した友情の人質として家康の幼童《ママ》と共に自分の邸へ帰る時」と記されているように、周囲は結城秀康を三成の道中の安全を保障するための人質と捉えていた。

清正らの姿勢は、彼らに対する家康の統制力の限界を露わにした。裁定に不満を抱いた清正らは家康でも完全に制御することができず、身内に三成を護送させて清正らを牽制する以外に彼らの行動を確実に制止させる術がなかったのである。

『看羊録』は、事件後、三成の処分を不服とする清正が前田利長、宇喜多秀家、伊達政宗、細川忠興、黒田長政、浅野長政・幸長と同盟を結び反旗を翻したとする。誇張されて伝わった情報と思われるが、全くの虚説でもないだろう。同盟を結んだとされる面々は伊達政宗と黒田長政を除けば、前田氏と関係の強い勢力で構成されていることから、裁定を不服とした清正と幸長が忠興と共に、前田利長を頼って裁定を覆すよう促したというのが真相ではないかと考えられる。

前田家臣の村井長明の覚書『象賢紀略《しょうけんきりゃく》』には、利長は利家の二七日《ふたなのか》法要を終えたのち、伏見城西之丸へ移った家康の許へ挨拶に赴き、三成を佐和山へ退かせたとある。家康の伏見入城は閏三月十二日（『三藐院記《さんみゃくいんき》』）もしくは十三日（『多聞院日記』）なので、三成の処分公表（閏三月八日）とは時間が前後するが、利長が事件の裁定に関与した可能性を示す記述であり、閏三月七日付け鍋島直茂書状（『鶴田家文書』）に、利長と家康はとりわけ相談してとあるのは、このことを指している可能性もある。利長は家康と足並みを揃えていたと思われ、清正らの働きかけは徒労に終わったと考えられる。

『九九年度年報』は事件の裁定に至るまでの流れを次のように記しており、これまで見てきた内容と一致する。

［史料24］

しかし家康は、伏見の城への出発を遅らせるべきではないと考えた。彼は軍勢を率いてそこへ到着すると、諸侯の勧めを入れて次の条件で兵力を撤退させることを約束した。すなわち（石田）治部少輔は、これまで帯びていた官職を捨てた身分に落とされ、今後は国家統治の任を離れ、己がすべての軍勢とともに自領である近江の国にずっと引き籠っているように、と。このために両派の中の諸侯たちの間で調停が行われ、（石田）治部少輔が、彼らの間の安定した友情の人質として家康の幼童《ママ》とともに自分の邸へ帰る時、（小西）アゴスチイノは連れ立って行くことを望んだ。（石田）治部少輔はこのことには賛成しなかった。

ここでは、家康が軍勢を率いていることになっているが、加藤清正・黒田長政に置き換えれば問題ない。文中の「両派の中の諸侯たちの間で調停が行われ」という言葉は、事件の性格をよく捉えている。事件の対立構造は、三成と七将といった個人間のレベルではなく、私婚問題に始まる一連の政争の流れで動いていたのである。

十　事件後の動静

事件のあと、閏三月十九日付けの五大老連署状をもって蜂須賀家政と黒田長政の蔚山籠城戦後の追撃中止の罪が撤回され、二人は名誉を回復した（『毛利家文書』）。そして閏三月二十一日、和議の取り決め通りに家康と輝元は誓紙を交換し、その中で家康は輝元を「兄弟」、輝元は家康を「親子」と表現し、両者の間で明確に上下関係を表した（『毛利家文書』）。なお、二日後の閏三月二十三日付けで黒田長政と吉川広家《きっかわひろいえ》も誓紙を交換している（『黒田家文書』）。

また、黒田長政は同月中に相良《さがら》頼房《よりふさ》（肥後人吉城主）とも誓紙を交わしており、頼房は秀頼への忠誠と共に家康に対する奉公も誓約した（『黒田家文書』）。相良氏は、島津氏と同様に三成が奏者を務める大名だったが、三成の失脚を契機に長政を通じて、家康寄りの立場を表明したのである。

伊達政宗も、三成の処分が公表された閏三月八日には、家康への取次を務めた有馬則頼と今井宗薫《いまいそうくん》に対して徳川氏寄りの立場を明確に示しており（『引証記《いんしょうき》』）、四月五日には両者と盟約を結んで、家康への取次を正式に依頼している（『大阪歴史博物館所蔵文書』）。このほか、四月二日付けで家康が島津義弘・忠恒父子に宛てた誓紙も確認できる（『島津家文書』）。この誓紙は、島津氏の秀頼に対する忠誠を賞し、家康と島津氏の友好を約したものであり、義弘も家康との距離を縮め始めていた。

三成の失脚は、対立構造に大きな変化をもたらした。毛利氏が家康に屈服したほか、これを契機に三成が奏者を務めていた相良氏・伊達氏・島津氏が家康に接近している。同じく三成が奏者を務めていた真田信幸《のぶゆき》も、この頃には徳川氏寄りの立場をとっていたことが確認できる（『真田家文書』）。事件によって三成の陣営は崩壊したといっていいだろう。その後、増田長盛ら三奉行や、寺沢広高、小西行長、大谷吉継といった吏僚衆が家康に協力的な立場へ移行するようになる。

この事件における家康の勝利は、私婚問題に始まる一連の政争全てにおける勝利を意味していた。政争に勝利した家康は、加藤清正らと縁組を次々と結んでいく。

一方で事件は、七将に対する家康の統制力の限界を露わにした。七将は家康を盟主として仰ぎ、家康の監督下にあったが、家康は三成の処分について内密にするよう輝元に打診しており、七将の反応に神経を使っている。また『言経卿記』に、北政所の仲裁によって事件が解決したとあるのは、三成の処分を公表する際に北政所の権威を頼ったためと推測できる。それでも裁定に不満を抱く清正らの姿勢は予断を許さないものがあり、身内の結城秀康に三成を護送させて清正らを牽制する以外に、彼らの行動を確実に制止させる術がなかったのである。

一方、前田利長は、徳川党の大坂城占拠によって面目を潰されたが、家康と協調的な姿勢をとった。しかし、利長の努力とは裏腹に、裁定に不満を抱く清正らが一時でも利長へ期待を寄せたことは、家康にとって軽視できる問題ではなかった。半年後、家康は大老衆の排斥において利長を最初の標的に定めたのである。

第三章　加賀征討と会津征討の連続性

一　家康権力の伸張

慶長四年（一五九九）閏三月の前田利家《まえだとしいえ》の死去、石田三成《いしだみつなり》陣営の崩壊は、対立構造に大きな変化をもたらした。三成寄りの立場にあった島津義弘《しまづよしひろ》、寺沢広高《てらざわひろたか》、立花宗茂《たちばなむねしげ》、小西行長《こにしゆきなが》ら九州の諸将も庄内《しょうない》の乱（島津家の内乱）への対応を通じて家康の影響を受けるようになっていく。

七月九日付けで寺沢広高は島津忠恒《ただつね》へ宛てた書状において、山口直友《やまぐちなおとも》（家康の家臣）が使者として島津領へ下るので、そちらの様子を詳しく報告するよう指示すると共に、直友が帰還したら家康の意向を伺って、広高も島津領へ下ると伝えている（『島津家文書』）。広高は、家康の指示を受けて庄内の乱の収拾にあたっていた。広高は、九州の諸大名と繋がりを持っていることに加え、長崎代官として国際外交に携わっていたため、国際交易構想を抱く家康にとって非常に欲しい人材だったと思われる。

以後、家康と広高の関係は強まっていく。

アレッサンドロ・ヴァリニャーノが、西暦一五九九年十月二十二日（和暦：慶長四年九月四日）付けでイエズス会マニラ学院長ファン・デ・リベラに宛てた書簡によると、壮大で現実と乖離していた家康の国際交易構想に困惑していた寺沢広高は、オルガンティノに対して、家康から構想の実現性について尋ねられたら、本当のことを言って家康の迷いを覚まさせて欲しいと要請したという。慶長四年九月頃には、家康の国際交易構想に対して頭を悩ますほど、広高は家康に近い存在になっていたのである。

また、八月十四日、家康が常御所《つねのごしょ》で後陽成《ごようぜい》天皇に謁見した際、宴で三献が行われている（『言経卿記《ときつねきょうき》』）。藤井譲治氏は、この参内の様子は、秀吉やそれ以前の室町将軍が参内した折のものと変わりなく、天皇の側が事実上、家康が「天下人」であることを承認したことを意味しているとした（藤井二〇二〇）。本書の「はじめに」で若干触れたが、権力の変遷に敏感な公家たちは、豊臣秀頼《とよとみひでより》に並び立つ権力として家康を高く評価していた。しかし、一方で諸大名は、（一部の例外を除いて）関ヶ原の役の際も依然として秀頼を主君として仰いでいた。『多聞院日記《たもんいんにっき》』が伏見城への入城を果たした家康を「天下殿に成られ候」と評しているように、慶長四年当時から家康を天下人と見なす者は少なからずいただろうが、実際に家康が天下人として武士の頂点にいたかは別の話である。石田三成陣営の崩壊によって家康の権力が伸張したことは確かであるが、過大評価をしてはならない。大坂には前田利家の跡を継いだ利長《としなが》が健在であり、徳川氏と前田氏による勢力均衡は保たれていた。

二　家康暗殺計画の風聞

石田三成陣営の崩壊から半年後、前田利長が領国へ下っていた最中に事件が発生する。慶長四年（一五九九）九月七日、家康は秀頼に重陽《ちょうよう》の節句の祝詞《しゅくし》を述べるために伏見から大坂へ下り、備前島の石田三成邸を宿所とした（『義演准后日記《ぎえんじゅごうにっき》』『板坂卜斎覚書《いたさかぼくさいおぼえがき》』）。三成邸が宿所となったのは、接待する側を気遣ってのことであり、三成邸が空き屋敷だったためとされている（『関原軍記大成《せきがはらぐんきたいせい》』）。そして、三成邸に入った家康のもとに、家康暗殺の企てがあるという風聞がもたらされる。

『関原軍記大成』によると、家康暗殺計画の風聞は、前田利長を首謀者とし、浅野長政《あさのながまさ》、大野治長《おおのはるなが》、土方雄久《ひじかたかつひさ》が、重陽の節句の際に登城する家康を討ち取る計画というものである。七日夜に増田長盛《ましたながもり》と長束正家《なつかまさいえ》が、家康のもとを訪れて風聞を告げたという。

『板坂卜斎覚書』では、家康に風聞を告げたのは増田長盛のみであり、暗殺計画については実行者とされた大野治長、土方雄久しか記されていない。

一方、『看羊録《かんようろく》』は風聞を詳細に記している。第二章で触れたが、三成が失脚した一連の事件で、三成の処分を不服とする加藤清正《かとうきよまさ》が前田利長らと反家康同盟を結んだところに話は遡る。『看羊録』

では、家康暗殺計画は反家康同盟による計画とされている。前田利長は伏兵を忍ばせて、重陽の節句の際に登城する家康を討ち取ろうと計画。その際、土方雄久は自ら家康を刺そうと請うたという。繰り返しとなるが、反家康同盟の話は、誇張されて伝わった情報と思われる点を付言しておく。

『看羊録』では、家康に暗殺計画の風聞を告げたのは三成とされており、加藤清正らと反目していた三成は、家康に媚《こ》びようという心積もりもあって、計画を書状で家康に報じたという。これを受けた家康は、浅野長政に暗殺計画について問い質したが、長政は否定。次に増田長盛に問い質したところ、長盛はこうした風聞があると肯定したため、家康は計画を黙秘した浅野長政を自刃させようとしたが、君命にしか従えないと長政が拒否したので、領国の甲斐へと追放。さらに、家康は「淀殿を室として政事を後見し」という秀吉の遺命を盾に、淀殿を室にしようとしたが、すでに淀殿は大野治長と通じて妊娠していたので拒絶。家康は怒り、治長を捕らえて関東へ流し、さらに途中で死を与え、土方雄久も捕らえて関東へ流したという。

この時、淀殿は妊娠しておらず、大野治長も死罪になってはいない。それゆえ、『看羊録』の伝える内容は正確とはいえない。しかし、『多聞院日記』九月十七日条も、秀吉の遺言に基づいて大坂で淀殿と家康が祝言を挙げたとする風聞に続いて、大野治長が淀殿を連れて高野山《こうやさん》へ駆け落ちしたとする風聞を載せており、最後に「珍重《ちんちょう》（めでたい）」と述べている。暗殺計画の一件に関する姜沆《カンハン》の認識は、正確とはいえないものの、当時の人々の認識（風聞）に近かったということができる。また、国王である宣祖《ソンジョ》に上奏することを想定して日本の情勢を記録した『看羊録』の史料的性格を踏まえれば、こうした風聞があったことは確かだろう。

毛利家臣の内藤隆春《ないとうたかはる》も十月一日付けで息子又二郎へ宛てた書状において、大野治長が淀殿と密通したとする風聞を載せており、治長が処刑されそうになったところを宇喜多秀家《うきたひでいえ》が匿《かくま》ったとし、異説として治長は処刑されたとも、高野山へ逃れたとする噂もあるとしている（『萩藩閥閲録《はぎはんばつえつろく》』）。

『板坂卜斎覚書』と『関原軍記大成』は、治長が家康暗殺計画に関与していたとするのに対して、『看羊録』での治長は淀殿との密通を理由に処罰されている。しかし、内藤隆春書状を踏まえると、『看羊録』のほうが当時の風聞を正しく記しているといえるのである。

しかし、内藤隆春書状に宇喜多秀家が治長を匿ったとする噂が記されていることや、『亜相公御夜話《あしょうこうおんやわ》』に大野治長、宇喜多秀家、土方雄久、前田利家が合戦について談話したエピソードが記されていることなどから、治長と前田系の勢力との間には親交があったと思われ、家康暗殺計画の一件に治長が巻き込まれていた可能性も捨てきれない。だが、処分の直接的な原因は、淀殿と密通したとする風聞と思われる。なお、家康と淀殿の婚姻を秀吉が命じていたという噂が当時まことしやかに広まっていたようであるが、これが事実無根であることは、これほどの重大事でありながら、秀吉の遺言覚書や、五大老の毛利輝元《もうりてるもと》、その家臣内藤隆春の書状などに一切言及されていないことからも明らかである。

一方、『板坂卜斎覚書』と『看羊録』の記述の共通点は、浅野長政が暗殺計画者の中に名を連ねていないこと、増田長盛の証言が事件の決め手となったという点である。なぜ、暗殺計画に加わっていない浅野長政が謹慎処分になったのか。推測となるが、『看羊録』が伝える通り、長政は利長を庇《かば》ったがために巻き込まれたと思われる。

家康暗殺計画の一件については、事件の詳細を記した一次史料が未だ確認されておらず、家康に風聞を告げたのは誰かなど、定かでない点が多い。しかし、家康暗殺計画に関する風聞を姜沆が記録していることや、前田利長が九月二十七日付けで堀秀治《ほりひではる》（越後春日山城主）に宛てた書状において「どのような理由で私に疑念を抱いているのか」「御存知のように私が家康を敵視したことは一度もない」といった旨を述べている（『徳川美術館所蔵文書』）ことから、当時、利長が家康から何かしらの嫌疑をかけられていたことは確かである。家康暗殺計画の風聞があって利長が嫌疑をかけられたとする大筋の流れは間違いないだろう。

また、事件を契機として、事態は前田利長を征討しようとする加賀征討へ向けて動き出すが、こちらも一次史料が確認されていないために未解明な部分が多い。なお、加賀征討へ向かう動きについては本章の最後で述べたい。

三　家康の大坂入城と「遺言体制」の改変

家康暗殺計画の風聞を受けて、『板坂卜斎覚書』では、九月九日夜に平岩親吉《ひらいわちかよし》率いる徳川軍が、家康の命令によって急ぎ伏見城から大坂城に駆けつけて西之丸や大手口などを固めたという。しかし、『北野社家日記《きたのしゃけにっき》』九月十一日条に「今夜大坂雑切(説)候て、伏見より人数（軍勢）下《くだ》る也」とあるので、徳川軍が大坂に向かったのは十一日のことと思われる。

事件は朝廷の耳にも入り、『言経卿記』九月十二日条によると、山科言経《やましなときつね》は大坂での風聞を受けて情報収集を行っており、朝廷では勧修寺光豊《かじゅうじみつとよ》が勅使として秀頼と家康のもとへ遣わされるまでに至った。しかし、言経は翌日には「大坂雑説大略（凡そ）シツマル(静まる)也云々、猶々いまだ休まざる也」と記し、義演も『義演准后日記』同月十三日条で「大坂雑説静謐、珍重」と記している。そして、勅使として遣わされた勧修寺光豊も十四日に「無事、殊なき事」という返事を持ち帰っている（『言経卿記』）。豊臣政権側が朝廷に騒動を伏せようとした政治的配慮もあるだろうが、この頃には解決とまではいかなくても、騒動自体は一段落したとみていいだろう。これら日記の書かれた日付から見て、騒動が広まって京都を動揺させた要因は、伏見城から徳川軍が移動したことにあったと思われる。

九月十三日付けで毛利輝元が毛利秀元《ひでもと》に宛てた書状によると、大坂に下った家康は三つの要求を出している（『長府毛利家文書』）。

一つ目は、家康は秀忠《ひでただ》の正室（浅井江《あざいごう》）を国許に戻したいと申し出たが、秀頼の裁可が下りなかったという。遺憾に思った家康は、何者かが申請を阻もうとしたことを知り、怒りを露わにしたようである。

二つ目は、後陽成天皇の皇位継承者についての問題である。後陽成天皇は、政仁親王《ことひと》（のちの後水尾天皇《ごみのお》）を皇位継承者にする勅諚を下したが、豊臣政権側は、良仁親王《かたひと》を皇位継承者とする秀吉の意向に反するとして拒絶した。家康はこれを非難し、天皇の意向に沿うよう訴えている。

三つ目は、西国衆は伏見に在るようにとの秀吉の遺命があるにもかかわらず、宇喜多秀家が大坂に居ることを家康が非難したというものである。

浅井江の江戸下向と、皇位継承者の問題から、物事の裁許が大坂の秀頼のもとで下されており、勅諚への対応も大坂で処理され、家康は関わっていなかったことがわかる。『多聞院日記』で「天下殿に成られ候」と評されながらも、政治の中心は、家康の居る伏見ではなく、秀頼の居る大坂だったといえる。また、家康が要請した江の江戸下向が阻まれている点も無視できない。

家康は、この状態にもどかしさを感じていたのだろう。家康は九月十一日、石田正澄《まさずみ》邸に居所を移している（『長府毛利家文書』）。理由は、三成邸が城外にあったのに対して、正澄邸は城内にあったためである（『鹿苑日録《ろくおんにちろく》』）。『板坂卜斎覚書』によると、正澄邸へ移る前の二日間、増田長盛邸に居たようであり、家康の転居に伴って正澄は堺へ移ったという。その後、九月二十二日には北政所《きたのまんどころ》が大坂城西之丸を家康に譲るという話が浮上しており、二十六日に北政所は京都へ移った（『義演准后日記』）。家康は一時的に大坂へ下ったはずだったが、事件を口実として完全に腰を落ち着けた。徳川家臣の伊奈《いな》昭綱《あきつな》（令成）は、家康が大坂に居を移した理由を「兎角《（とにもかくにも）》、伏見は手遠に御座候」と述べている（『島津家文書』）。家康は、前田利長が不在の間に大坂へ入ることで秀頼との一体化を図ったのである。

十月一日付けの内藤隆春書状によると、家康は毛利氏に大坂城内へ徳川軍を入れた件を報告している。また、大野治長が淀殿と密通したとする風聞を受けて、秀頼の周囲に「若衆《わかしゅう》」ばかり仕えるのは良いことではなく、不祥事が起こらないように家康と輝元が大坂に腰を据え、伏見には結城秀康《ゆうきひでやす》と毛利秀元を置く体制を毛利氏に提案している。

三成の陣営が崩壊したあと、増田長盛ら奉行衆は家康に協力的な立場をとり、毛利輝元も閏三月二十一日に家康と誓紙を交わして関係を改善していた。当時、家康と輝元は対立関係ではなかったため、家康は前田氏と対峙するにあたって輝元との連携を模索したのである。『看羊録』は当時の輝元について「二酉《しゅう》〔の家康と輝元〕がすでに和睦していた」としているため、家康と協調したと考えられる。

大野治長の処分については、伊奈昭綱が九月二十三日付けの書状で「秀頼様御為、悪事申すに付て、大蔵卿局《（治長の母）》・大野修理《（治長）》退出申され候」と記している（『島津家文書』）。「悪事申す」の指す内容が密通の風聞にとどまるか否かによるが、秀忠の正室の江戸下向を阻止しようとしていた人物が大野治長で、密通の風聞を理由に配流された可能性も考えられる。

家康の言う「若衆」には宇喜多秀家も含まれていたと思われる。第一章で触れたように秀家は、徳川秀忠、前田利長と共に次代の政権を担う人材として位置づけられていた。また、秀次事件直後の文禄四年（一五九五）八月三日に出された五ヶ条の定書では、徳川家康、宇喜多秀家、上杉景勝《うえすぎかげかつ》、前田利家、毛利輝元、小早川隆景《こばやかわたかかげ》の中で秀家だけが「若年衆」として乗物の使用を許可されていない。秀家を「若年衆」とするのは共通認識としてあったといえる。おそらく秀家も、秀頼の周囲に置いておくことは危険と判断され、西国衆は伏見に在るようにとの秀吉の遺命を理由に伏見への異動を余儀なくされたのだろう。ただし、秀吉の遺言により、伏見は大坂と対をなす重要拠点として位置づけられており、これ以降も大老衆の連署状に秀家も花押を据えていることから、伏見への異動は秀家の失脚を意味するものではないことは付言しておく。

慶長四年九月は、家康があらゆる変革に挑んだ一ヶ月だった。皇位継承者の問題では、勅諚に背くことは秀吉の本意ではないという建前をとって、秀吉の遺命に真っ向から立ち向かってはいないものの、秀吉の遺命を退けようとしている点は注目に値する。

そして十月一日、「遺言体制」は家康によって再び改変された。家康による改変は、失脚した浅野長政を除いた三奉行の連署状によって諸大名に通達されている（『千秋文庫所蔵文書』）。「秀頼様、御番・御置目《おきめ》など相改められ仰せ付けられ候」と、秀頼の命令という名目のもと、秀頼に近侍する者と

「遺言体制」が改められた。そして「今までは諸事猥《みだ》らの儀も之《これ》あるといえども、これ以前の事は打ち捨てられ候」として、乱れた秩序を一新するという大義が掲げられた。

「遺言体制」改変の全貌は未詳であるが、知行配当に大きな改変があったことが同史料から確認できる。知行配当は、慶長三年八月八日に現状維持の鉄則が崩されたものの、知行に関する五大老連署状のほとんどが安堵状であるように、前提は現状維持だった。しかし、今回の改変では、人一倍忠誠を尽くした者は引き立てられ、恩賞を与えられるとされており、現状維持の前提すら崩されている。のちに「内府ちかひの条々」で弾劾される細川忠興《ほそかわただおき》や森忠政《もりただまさ》への領知加増は、この改変に基づいたものといえるだろう。

家康は、家康暗殺計画と、大野治長の密通、二つの風聞をきっかけとして、乱れた秩序を一新するという大義のもとで変革に着手した。前田利長をはじめ、大野治長、浅野長政、宇喜多秀家といった前田氏と親しい勢力を大坂から排除し、豊臣秀頼との一体化に成功。権力を大坂の家康に一極集中させた。こうした歴史的展開から鑑みれば、二つの風聞が家康から発せられた可能性は高い。

この改変は秀頼の命令という名目で行われているように、秀吉の遺命を、秀頼の命令で上塗りしている。この時期から家康は、秀吉の遺命を退けようと動いており、「遺言体制」の否定に入ったと評価できる。のちに「内府ちかひの条々」で非難される家康の施策は、これ以降に行われたものが多くを占めており、家康は本格的に豊臣政権の簒奪に入ったのである。

こうした一連の変革の一環だろう、九月十八日付けで宮部長熙《みやべながひろ》（因幡鳥取城主）が徳川氏に誓紙を提出している（『早稲田大学図書館所蔵文書』）。これまでにも徳川氏と大名の間で誓紙のやり取りはあったものの、同年四月五日付けの伊達政宗《だてまさむね》の誓紙では、家康と政宗の間を取り次いでいた有馬則頼《ありまのりより》と今井宗薫《いまいそうくん》に対して、取次を正式に依頼するにあたっての誓約であり、大名と取次の間での盟約といった意味合いが強かった。前年の十二月二十五日付けで交わされた黒田長政《くろだながまさ》と井伊直政《いいなおまさ》の誓紙も同様であり、慶長四年閏三月付けで相良頼房《さがらよりふさ》（肥後人吉城主）が黒田長政に宛てた誓紙も「この上においては、貴所様《（長政）》御馳走に預かるべく候事、専一に候」とあるように、家康への忠誠を背景とした頼房と長政の盟約と位置づけられる。今回は大名と取次の関係には一切言及されておらず、家康に対する忠誠のみが記され、文面が定形化されている。おそらく、これと同文の誓紙を徳川氏に提出した大名がほかにも多数いたと思われる。家康は、諸大名との間に豊臣政権（公）とは別の私的な主従関係の形成に動き始めたのである。

四　前田利長の対応と軍事的緊張

家康が大坂城へ入って以降の徳川氏と前田氏の関係について、『象賢紀略《しょうけんきりゃく》』は、利長の母芳春院《ほうしゅんいん》をはじめとして前田家は、家康の大坂入城を恥辱と感じ、両氏の関係は険悪となったという。そして、領国にいた利長のもとでは抗戦か否かで方針が論じられ、家臣の太田長知《おおたながとも》は大坂を取り戻すために上洛すべきだと主張し、それに対して横山長知《よこやまながちか》は慎重になるべきだと説き、利長も慎重論を採ったという。

一方、上方《かみがた》では九月二十一日に島津義弘が息子忠恒に宛てた書状によると、家康は利長や加藤清正が上方へ入って来られぬように迎撃態勢を整えている（『島津家文書』）。利長に対しては大谷吉治《おおたによしはる》（吉継《よしつぐ》の子）と石田三成の家来一千余が越前へ配置され、清正に対しては菅達長《かんみちなが》と有馬則頼が淡路へ配置された。

『看羊録』にも「家康は、遂に関東の諸将に令して、肥前（利長）が倭京に上ってくる路を塞《ふさ》ぎ、また、石田治部少輔に令して、近江州の要害を防備させた」とあり、島津義弘書状と同様の趣旨が記されている。『細川忠興軍功記《ほそかわただおきぐんこうき》』によると、細川忠興（丹後宮津城主）の領国に対しても丹波衆が押さえとして置かれたという。

ここで、九月における家康の軍事行動を整理すると、まず、大坂へ下った四日後にあたる九月十一日に伏見から軍勢を呼び寄せている。自身が大坂入りした時ではなく、あえて後日に、京都の人々を騒然とさせるほどの軍勢を動かし、それを秀頼の居る大坂城に入れたということは、周囲を納得させられる理由があったということである。

そして次に、前田利長らの上洛を阻止するために、三成ら周辺の大名に軍役《ぐんやく》を課して迎撃部隊を配置している。三成らは家康の家臣ではなく、豊臣政権の軍役として出兵しており、彼らを動かすには大義名分が不可欠となる。

『関原軍記大成』は「或説」という扱いで、前田利長・利政《としまさ》は領国へ下る時に土方雄久に対して、家康が大坂へ入ったら大野治長と共に家康を討ち取るよう命じ、家康の死を受けて利長らは上方を制圧する計画を語った話を載せている。おそらく当時、これに近い風聞があったのだろう。秀頼や家康の安全を確保するという理由で大坂城に徳川軍を入れ、クーデターを阻止するという理由で三成らに軍役を課したと考えられる。

九月二十七日付けで利長が堀秀治に宛てた書状（『徳川美術館所蔵文書』）によると、堀秀治は利長を案じて上方の変事を報じ、利長に上洛するようにと進言していた。ここでいう上洛は、太田長知が主張する上洛とは異なり、弁明のための上洛である。秀治の領地のある越後は、前田領国の東に位置しているため、利長を牽制するよう家康から指示を受けていたと思われる。そのため、秀治は事件に関して詳しい情報を得ており、利長に助言ができたのだろう。利長も秀治と同様に上洛して弁明する意向だったが、家康が兵を配置して往還する者を取り調べているとの情報が入り、叶いそうにないと見通している。そのため、使者を遣わすことで弁明しようとしていた。

越前へ派兵された牽制軍は、前田軍の上方制圧を阻止することを名目とし、前田氏に軍事的圧力をかけることを目的としただろうが、利長書状によると弁明のための上洛すら儘《まま》ならなかった。家康は、豊臣政権内で利長謀反の容疑を確定させるまでは、利長に弁明の機会を与えないようにしたのだろう。『前田家雑録』によれば、使者として派遣された横山長知でさえ、越前舟橋（福井市）の関所で通行を遮《さえぎ》られ、宇喜多秀家の取り成しでようやく通行できたという。

利長は家康との和平の道を模索する一方で、九月二十八日付けで家臣の高畠定吉《たかばたけさだよし》らに防備を整えるよう命じている（『高畠家文書』）。牽制軍というかたちで包囲網が敷かれている以上、当然の成り行きといえる。この時点では戦端が開かれる可能性も大いにあったのである。

豊後臼杵に居た太田一吉《おおたかずよし》は、九月二十八日付けで島津忠恒に宛てた書状で上方からもたらされた情報を伝えている（『島津家文書』）。それによると、家康が利長に対して言い分があったことで、雑説があったが、ともあれ変わりはないこと。しかし、風聞によると、近いうちに中村一氏《なかむらかずうじ》（駿河府中城主）、堀尾吉晴《ほりおよしはる》（遠江浜松城主）、生駒親正《いこまちかまさ》（讃岐高松城主）が使者として利長のもとへ遣わされるので、成り行きが注目されているという。

上方と豊後の距離を考慮すると、この情報は九月中旬のものといえる。中村一氏、堀尾吉晴、生駒親正が使者として利長のもとへ遣わされると記している点は重要であり、この三名は、『関原軍記大成』では家康の私婚問題で西笑承兌《せいしょうじょうたい》と共に詰問使として家康のもとに派遣されている。もっとも『亜相公御夜話』では、詰問使は有馬則頼・浅野長政となっており、検討の必要があるが、三名は『板坂卜斎覚書』では家康に伏見城入城を要請する使者として登場する。三名の政権内の役割については不明な点が多いが、二次史料のみではなく、太田一吉書状からも三名に関する記載が確認できることから、政権内で起きたトラブルの対処をはじめとして、何かしらの職務があったことは確かである。おそらく、豊臣公儀の重大な案件を扱う使者として活動していたと思われる。

中村一氏らが利長のもとへ遣わされるというのは、あくまで風聞であり、実際には北陸まで派遣されることはなかったと思われるが、周囲がこうした認識を抱いたということは、事件の構造が単なる徳川氏と前田氏のトラブルではなく、豊臣公儀と前田氏の問題であり、利長が公儀から詰問される立場にあったということである。なお、家康の私婚問題の際は、詰問使に対する家康の返答次第では、前田利家が豊臣秀頼の名代として家康を征討することになっていたが、立場が逆転している。いわば、家康は意趣返しをしたのである。

家康は、利長のみならず、前田氏と繋がりの深い浅野長政や細川忠興にも嫌疑をかけていた。しかし、細川忠興が赦免される過程においては、細川氏の交渉努力よりも徳川方の尽力によるところが大きかった。当時の細川家は、老臣の松井康之《まついやすゆき》が細川幽斎・忠興の勘気を蒙って伏見の自邸で蟄居《ちっきょ》しており、円滑に徳川氏と交渉を進められる状態ではなかった。

榊原康政《さかきばらやすまさ》の意向を受けた金森長近《かなもりながちか》と有馬則頼は、松井康之に対して、復帰して忠興に奉公するよう説くと共に、細川幽斎に対しても働きかけて勘気を解いた（『松井文庫所蔵文書』）。また、十月十八日付けで有馬則頼は、伏見にいる細川忠隆《ただたか》（忠興長男）に書状を送って「何よりもまず、榊式太《（康政）》に（細川氏が）相談している案件は、松井（康之）が大坂に下向しないことには円滑に交渉が進まないので、必ず下向するようにというのが式太の内意です。松佐（康之）が大坂に下り次第、越州（忠興）へも皆で説得を行い、（康之が）召し出されるように奔走すべきとのことですので、片時も急いで御下りになるべきです」と伝えている（『松井文庫所蔵文書』）。

　こうして細川家に復帰した康之は、十月二十日に大坂へ入り、徳川方との交渉が行われた。そして榊原康政から、細川幽斎、細川興元《おきもと》（忠興弟）、松井康之の三人による連判誓紙を提出するよう告げられる。翌二十一日に金森長近と有馬則頼から連判誓紙の草案が提示されたが、興元と康之は国許にいる忠興の意向を確認したいと申し出た（『松井家先祖由来附』）。

　これに対して長近と則頼は、二十一日付けで忠興に対して、忠興の意向を待っていては逆に家康の不信を招くため、忠興の返事にかかわらず幽斎ら三人に誓紙を出させると告げている（『松井文庫所蔵文書』）。また、興元と康之に対しては翌二十二日付けで、誓紙の提出に躊躇していては、家康の不信を招くとして早急に誓紙を出すよう要請している（『松井文庫所蔵文書』）。

　忠興は、長近と則頼の尽力に感謝すると共に、幽斎ら三人が誓紙を出すことに同意（『綿考輯録《めんこうしゅうろく》』）。二十三日付けで忠興から興元に「いかようにも（徳川方の）御意に従いなさい。誓紙の文言に、いかなる注文があろうとも、越中（忠興）に告げてから行うなどとは申されず、どうあっても行ってください」と指示が出された（『松井文庫所蔵文書』）。興元に宛てられた書状は二十五日に到着したようで、二十五日付けで興元から康之に忠興の意向が伝えられた（『松井文庫所蔵文書』）が、忠興からの指示が届く一日前の二十四日付けで幽斎、興元、康之の連判誓紙が提出された（『松井文庫所蔵文書』）。忠興も十一月に大坂へ上って誓紙を提出している（『綿考輯録』）。

このように榊原康政らの取次は、松井康之の復帰をはじめとして、細川氏が赦免に至るよう導いていった。こうした動きを見ると、家康は細川氏を追い込む気はなかったように感じられる。

家康は事件を通じて、細川忠興のような前田氏とも徳川氏とも繋がりのある大名に対して、徳川氏へ一本化させようとしたと思われる。忠興はこれに従い、三男の光千代《みつちよ》（のちの忠利《ただとし》）を江戸へ人質に出すことで家康個人に対する忠誠を明確に示した。この時、家康と利長との間に和談は成立しておらず、仮に加賀征討という事態に発展した場合、細川氏は徳川方の立場に立つことを意味していたのである。浅野氏も同様に長政の三男長重《ながしげ》を人質として江戸へ送っており、これらの動きは、少なからず前田利長の家康に対する対抗心を削いだと考えられる。

五　征討の回避と事件の収束

家康と利長の間で軍事的緊張が続いたが、翌年（慶長五年〈一六〇〇〉）一月になると事態は好転し、和談に向けた動きが見られるようになる（『加賀古文書』）。その大きな要因として、利長が会津の上杉景勝と盟約を結んだとする風聞が飛び交っていたことが挙げられる。加賀藩士杉本義隣《すぎもとよしちか》によって著された『杉本義隣覚書』によると「神君（家康）思惟《しい》したまふは、東に景勝、北に利長楯籠ては大乱に及び」と、家康は利長が景勝と連携することを危惧し、利長に越中の割譲を勧めることで事態を収拾しようとしたという。無論これは後世の記述であるが、『看羊録』にも「景勝は、勝手に自分の領地に帰り、肥前守（利長）と兵を連ねて越後の地を攻奪しようとした。久太郎（堀秀治）は大いに懼れ、数《しばしば》家康に報告した。家康も根本〔の関東〕を〔景勝が襲うかと〕気にし、数《しばしば》〔景勝に〕手紙を送って京に戻るよう勧めたが、景勝は従わなかった」とあり、前田・上杉の連携が言及されている。同様の記述は、イエズス会の史料『一五九九年―一六〇一年、日本諸国記』（以下『日本諸国記』と表記）にも見られ、「この景勝はきわめて勇敢な武将で、（石田）治部少輔や（前田）肥前殿、その他内府様に良からざる領主たちと密かに気脈を通じ連繫を保っていたので」と記されている。実際に関ヶ原の役で共闘する三成は別として、東軍に属した利長についても連携をとっていたと書かれていることから、前田氏と上杉氏が盟約を結んでいたとする風聞は信憑性の高い情報として上方で広まっていたのだろう。

家康は、前田氏と縁戚関係にある細川氏からは誓紙や人質を徴収したが、同じく縁戚関係にある宇喜多秀家に対しては謀反の嫌疑をかけていない。また、利長と盟約を結んだとの風聞がある景勝についても、干渉を行うのは利長との和睦がまとまってからである。家康は大老衆を二人以上相手にすることを避けており、利長と景勝が連携する可能性を取り除くまでは出征に踏み切ることはできなかったのである。

『板坂卜斎覚書』には「去冬より北国陣と下々《しもじも》雑説申し候、相手は越中の中納言殿《(利長)》なり、二月時分より北国陣の沙汰《さた》止《や》み、奥州陣と専《もっぱ》ら沙汰仕《つかまつ》り候」と、慶長四年の冬から加賀征討が行われると人々は噂していたが、慶長五年の二月になると、加賀征討の噂は止み、それに代わるかのように今度は会津を征討するとの風聞が盛んになったとある。『象賢紀略』にも、大谷吉継《おおたによしつぐ》から利長へ横山長知と有賀《ありが》有賀斎《ゆうかさい》を上洛させるよう要請があり、翌三月に横山長知らは上洛したとあるので、慶長五年二月には大方解決しており、和睦交渉を残すのみだったのである。

和睦交渉は、芳春院が江戸へ下向することで決着し、五月に芳春院は江戸へ向けて出立する。三奉行は五月十三日付けで遠江浜松（静岡県浜松市）の堀尾忠氏《ただうじ》に対して、芳春院が江戸へ向かう途次、浜松で一泊するための賄料《まかないりょう》（経費）を前田家臣奥村永福《おくむらながとみ》、村井長頼《むらいながより》に渡すよう命じている（『前田育徳会所蔵文書』）。芳春院が向かうのが江戸であることから、家康が私的に徴発した人質であることは明らかだが、三奉行が差配していることから、表向きは豊臣公儀の施策だったことを物語っている。なお、「内府ちかひの条々」には、芳春院の江戸下向は会津征討の準備として行われたとされている。表向きは家康暗殺計画の風聞に端を発した一連の事件の処理として行われているが、この段階で家康は会津征討を行う意向を強く抱いていたということだろう。

家康暗殺計画の風聞に端を発した一連の騒動によって、徳川氏は大坂城へ入城を果たし、また、徳川氏に対抗し得る権利を有していた前田氏から人質を徴収して服従させている。これによって、秀吉の遺言に基づいた徳川氏―前田氏による勢力均衡は崩れ、豊臣政権内での権力は家康に集中し、家康による独裁的権力が形成されたのである。

九月に阻まれた浅井江の江戸下向は、同年十二月に実現している（『太田家文書』）。また、翌年（慶長五年）の七月三十日付けで大谷吉継が真田《さなだ》昌幸《まさゆき》・信繁《のぶしげ》（幸村）父子に宛てた書状によると、真田信幸《のぶゆき》の正室（小松殿《こまつどの》）も慶長四年中に国許へ下っていた（『真田家文書』）。秀忠の正室の浅井江でさえ九月の江戸下向は実現していないことから、おそらく小松殿が国許へ下ったのも十二月だったのではないかと思われる。

九月中旬からは徐々に加賀征討の可能性も浮上し始めており、『看羊録』によると、家康が上方を留守にした場合、加藤清正らが挙兵すると人々は口にしていたとあるので、家康としては、加賀征討が現実になった時に備えて、浅井江を江戸へ下向させる必要性はより高まったといえる。家康が徳川氏にとって重要な女性たちを関東へ下したことは、大名妻子の上方集住という秀吉の遺命を覆したと評価できる。浅井江の江戸下向が実現した十二月は、家康の独裁的権力が高まりつつある　つの指標として見ることができるだろう。

六　加賀征討から会津征討へ

慶長四年（一五九九）八月に会津へ帰国したあとの上杉景勝と家康のやり取りを見てみると、景勝は無事に帰国したことを家康に伝え、それに対して家康は九月十四日付けで返書出し、景勝の無事を喜び、自身は大坂へ下って仕置（処置）を申し付けたこと伝え、「相替わる儀なく候条、御心安んずべく候」と、こちらは変わったことはないから安心して欲しいと述べている（『上杉家文書』）。

景勝が帰国してから会津征討が取り沙汰されるまでの間に、景勝宛ての家康文書はほかに二点あり、十月二十二日付けの書状では、景勝が領内で行っている仕置（統治）に対して同意を示すと共に、冒頭で「当表いよいよ相替わる儀なく候間、御心安んずべく候」と、こちらはいっそう変わりないから安心して欲しいと述べている（『上杉家文書』）。しかし、これまで見てきたように、慶長四年九月から十月にかけては、家康暗殺計画の風聞に端を発し、前田領国周辺には牽制軍が派遣されたほか、「遺言体制」も改変されており、全く事実とは異なっている。おそらく、これは景勝を心配させないようにした配慮ではなく、景勝の関心を上方から逸らそうとする意図からきたものだろう。十一月五日付けの書状でも、上方の仕置は抜かりなく申し付けているから安心するようにと述べている（『上杉家文書』）。

前述のように、上方では利長が景勝と盟約を結んだとする風聞が飛び交っていたため、家康は景勝の動静を警戒しており、十月十七日付けで出羽山形（山形市）の最上義光《もがみよしあき》に宛てた書状では堅固な備えが肝要であることを伝えている（『諸将感状下知状并諸士状写』）。また、出羽角館《かくのだて》（秋田県仙北市）の戸沢政盛《とざわまさもり》からは奥羽の情勢について報告を受けており、十一月二十日付けで返書を出している（『譜《ふ》牒余録《ちょうよろく》』）。

家康は上杉氏と領地の近い大名を巻き込んで入念な監視体制を敷いていた。これを踏まえると、越後の堀氏が景勝の不穏な動きを訴えたのも家康から求められた情報提供の一環だった可能性もある。家康がこれほどまでに上杉氏を警戒した背景として、上方に流れていた前田・上杉盟約に関する風聞があったことは想像に難くない。

通説では、堀秀治の老臣堀直政《なおまさ》による訴えは慶長五年二月とされている。しかし、『看羊録』には「肥前守（利長）と兵を連ねて」とあるので、堀直政による訴えは加賀征討が取り沙汰された慶長四年冬頃から行われていたと考えられる。また、訴えを慶長五年二月とする『会津陣物語《あいづじんものがたり》』にも、慶長五年正月に上杉家臣の藤田信吉《ふじたのぶよし》から年頭礼を受けた家康が、藤田信吉に対して景勝の上洛を促した旨が記されているので、それ以前に堀直政の訴えは行われていたと思われる。『看羊録』には「数《しばしば》家康に報告した」とあるので、慶長四年冬頃から五年二月までにかけて幾度か行われたのだろう。

家康が上杉領周辺の大名を巻き込んで上杉氏の動向を警戒していたのと同様に、景勝も徳川方の動きを警戒していた。慶長五年三月二十日、景勝は家臣吉田源左衛門尉らに宛てた書状で、赤津《あかつ》（福島県郡山市）拠点の再築を急ぐように促している（『覚上公御書集』）。

このように徳川方の動きを警戒して防備を固める一方で、景勝は同年の二月十日に神指城《こうざし》（福島県会津若松市）の築城を直江兼続《なおえかねつぐ》に命じている（『会津旧事雑考《あいづきゅうじざっこう》』）。会津藩士向井吉重《むかいよししげ》が著し、寛文二年（一六六二）に完成して藩主保科正之《ほしなまさゆき》に献上された『会津四家合考《あいづしけごうこう》』によると、神指の築城は、会津には城や城下町を拡張できる余地がなく、広い土地に遷府するためという。いわゆる都市計画であり、しかも、徳川治世下にもかかわらず、そう認知されていたのである。慶長五年二、三月頃の上杉氏は、都市計画と領国の防衛の両面に力を注いでいた。

七　会津出征前夜

上方で流れていた景勝の不穏な動きを伝える風聞の内容は、『関原軍記大成』では、会津城は低地にあって完璧な要害ではないため、条件の良い神指原で新たに城を築き始めたこと。また、越後へ通じる津川口の道を普請したほか、領内の城々に兵粮を入れて、浪人を数多召し抱え、武具を過分に用意して防戦の準備をしているというものである。

また、西笑承兌が四月一日付けで直江兼続に宛てた書状では、上方で噂になっている内容として、上杉氏が武具を集め、道・橋の普請を行っていることが挙げられている。この書状は『歴代古案《れきだいこあん》』をはじめとする米沢藩（上杉家）関係史料に写しが収められており、その返書にあたるのが、直江兼続が書いたとされる有名な「直江状《なおえじょう》」である。ただし、後述するように「直江状」が実在したとは考えられない。「直江状」と対をなす関係にあり、『西笑和尚文案』から草案が確認できない以上、四月一日付西笑承兌書状が「直江状」と照応させるために創作された可能性も否定できず、その記述を全面的に信用するのは慎重になったほうがいいだろう。

しかし『看羊録』にも、景勝が利長と連携して越後を攻奪しようとしたとする風聞が記されているので、史料によって目的（侵略と防戦）の違いはあるものの、戦支度《いくさじたく》に関する内容だったことは確かだろう。また、後述するように、景勝が讒言《ざんげん》をした者（堀直政）を問い質すよう家康に要請していることから、こうした風聞の形成にあたっては、堀氏ら上杉領周辺の大名が家康にもたらした情報が大きく作用していたといえる。

こうした風聞を受けて、家康は景勝に上洛を促した。これまでの書状のやり取りで、家康は景勝の領内仕置に対して同意を示しており、急に手のひらを返された景勝はたまったものではなかっただろう。景勝は秋まで上洛の猶予を求めた（『越後文書宝翰集』）が、家康は認めず、最後通牒を突きつけるべく、四月十日に伊奈昭綱を糾明使として会津へ派遣。増田長盛の使者河村長門《かわむらながと》も同行した（『島津家文書』『関原軍記大成』）。

四月二十七日付けで島津義弘が兄義久《よしひさ》へ宛てた書状によると、糾明使が持ち帰る上杉氏の返答が家康の意に添わなかった場合という前提のもと、伏見城の守備を任されることになったという（『島津家文書』）。これと同様の内容は、五月七日付けで最上義光が仁賀保《にかほ》氏ら由利《ゆり》衆に宛てた書状でも言及されており、家康は近々出陣する意向を示しており、糾明使に対する上杉氏の返答次第で出征が行われるか否かが決まるとし、十に九は出征となるだろうという見通しまで述べている（『大野文書』）。

また、家康は五月三日付けで下野那須《しもつけなす》氏の支族である伊王野資信《いおうのすけのぶ》に対して、白河口《しらかわぐち》の守りを堅固にするよう命じ、あとから家康も出陣する旨を伝えている（『譜牒余録』）。

通説では、糾明使の帰還は五月三日であるが、往復路の日数が足りずに無理であると否定されている（宮本二〇〇八）。西笑承兌が五月十一日に直江兼続に対して返書を書いている（『鹿苑日録』）ことから、糾明使は五月十日頃に上方へ帰還し、家康へ上杉氏の回答が伝えられたと思われる。家康は、上杉氏の返答を待つことなく出陣の意向を表明しており、伊王野資信が糾明使の帰還以前に家康から出兵の意思を伝えられていることから、上杉領周辺の領主たちは上杉氏を牽制するよう命じられていて、家康の出征前から上杉包囲網が形成されていたと考えられる。

また『細川忠興軍功記』によれば、家康の意向で新たに与えられた領地である豊後杵築《きつき》（大分県杵築市）に下っていた細川忠興は、福島正則《ふくしままさのり》（尾張清須《きよす》城主）、加藤嘉明《かとうよしあき》（伊予松前《まさき》城主）と共に会津征討の先鋒を家康から命じられた旨を四月二十八日に大坂の細川邸からの報によって知ったという。同史料における日付の誤差の可能性を踏まえても、四月末までには家康の命令が大坂の細川邸に下されていたとみていいだろう。

『細川忠興軍功記』の記述を裏づけるものとして、『舜旧記《しゅんきゅうき》』五月二十九日条に、細川幽斎が出陣の用意のために帰国したとある。通説に従えば、家康が大坂城西之丸で評定を開いて会津出征の号令を下したのは六月八日であり（『関原軍記大成』）、細川氏は諸将よりも先立って出征の軍令を受けていたこととなる。もっとも、通説の六月八日に大きな差異があった場合、根底から揺らいでしまうが、『舜旧記』六月六日条に吉田兼見《よしだかねみ》が生絹《すずし》と勝軍祓《しょうぐんはらえ》を進上したとあるため、会津征討が正式に決まったことが諸大名全般に示されたのは六月上旬と見ていいだろう。また、伊達政宗が会津征討の支度のために国許へ下るのが六月十四日である点（『江木徹氏所蔵文書』）や、半月前に義演が『義演准后日記』五月二十日条で「伝聞、東国・北国　悉《ことごとく》　和談云々《うんぬん》、珍重」と、真逆のことを書いているところからも裏づけられる。

細川忠興が諸将に先立って出征の軍令を受け、上方勢の先鋒を命じられたとする『細川忠興軍功記』の記述は、ほかの近畿・西国の諸大名が、近江国愛知川《えちがわ》で西軍に進軍を制止された中、忠興は下野国に入ることができた点が証左となっている。忠興や加藤嘉明のほか、同じく西国に領地があるにもかかわらず東国へ下ることができた黒田長政、藤堂高虎《とうどうたかとら》（伊予板島城主）、宮部長熙らも、諸将に先立って会津征討について聞かされていたと推測できる。

このように、会津出征前夜の動きを見ると、出征に関する正確な情報を得られたのは、家康から守備や先鋒といった役割を課せられた者たちであり、いずれも会津へ下った糾明使が上杉氏からの返答を持ち帰る前に役割を命じられている。このことから、会津征討は通説どおりに家康の一存で決められたと見ることができ、「公戦」という体裁をとりながらも、私戦に近いものだったのである。

一方、伊奈昭綱ら糾明使の到来により、上杉氏は家康に恭順して上洛するか、抗戦するかの選択を迫られることとなった。「直江状」には、四月十三日に兼続が承兌の書状を受領したと書かれているが、伊奈昭綱らが伏見を発ったのは四月十日であるため、物理的に不可能である（宮本二〇〇八）。糾明使の到着は四月下旬と考えられる。

徳川秀忠が五月十八日付けで森忠政に宛てた書状によると、糾明使に対して上杉景勝は上洛の意向を示したという（『森家先代実録』）。『中川家文書』にも「景勝方、別条なく相済み上洛の由、修理様（中川秀成）へ加藤主計頭《かずえのかみ》清正より御状進《まいら》せられ候旨、そのころは七月下旬にて御座候」とする覚書抜書があり、景勝が上洛の意向を示したことを伝えている。

また、六月十日付けで景勝が抗戦の意思を示すために安田能元《やすだよしもと》ら家臣五人に宛てた書状には、次の内容が記されている（『越後文書宝翰集』）。

［史料25］

このたび上洛に応じなかったのは、第一に、上杉家は財政に余裕がないこと、第二に、領内の仕置にあたる必要があるため、上洛は秋まで待って欲しいと奉行衆に返答したところ、謀反を企てているとの讒言があったとして再び上洛の催促が来た。上洛が無い場合は、こちらに征討軍を差し向けるという。思うところはあったが、もともと逆心などないため、万事をなげうって上洛する覚悟を決めた。その際に一つ、讒言をした者（堀直政）を問い質すように申し入れたが、容《い》れられず、ただ相変わらず上洛せよと言うばかりで、日限まで設けて追い込んでくる有様である。上洛にはどうあっても応じることはできない。（後略）

六月十日に出した結論は上洛拒否であるが、その過程において景勝が一度は上洛に応じると返答していたことがわかる。糾明使に対する景勝の返答は上洛に応じるというものだった。

浅野幸長《よしなが》が五月二十六日に記した浅野長政宛ての書状には、会津から帰還した伊奈昭綱に詳細を聞いた家康は、機嫌を悪くして出陣することに決め、六月十六日に大坂を出立すると言ったという。また、五月二十三日に再び会津へ使者が遣わされ、その使者は、①景勝が七月中に伏見へ上り、八月一日に豊臣秀頼に伺候《しこう》すること、②六月二十日に兼続の妻子が江戸へ人質として赴くこと、を要求する書状を携えていたという（『坂田家文書』）。この内容は、前述の景勝が安田能元らに宛てた書状と重なる。浅野幸長書状によると、家康は上杉側の返答にかかわらず江戸までは軍勢を率いて下る予定であるという。すでに前田利長からは人質を徴収し、家康が軍事行動を躊躇《ちゅうちょ》する理由はなかった。諸大名に軍役を課して彼らを指揮することや、上杉景勝を軍事行動によって屈服させたという実績を家康は必要としたのだろう。会津征討は上杉氏の対応に関係なく、家康の思惑によって強引に導かれた回避不能のものだったのである。

交渉の流れを整理すると、上洛の猶予を求める景勝に対して家康は、最後通牒を突きつけるべく四月十日に伊奈昭綱を糾明使として会津へ派遣。四月下旬に糾明使は会津に到着。昭綱らは五月十日頃に上方へ帰還し、家康へ上杉氏の回答が伝えられた。上杉氏は、上洛を条件に讒言をした堀直政を問い質すよう公正な裁定を求めた。しかし、家康は上杉氏の提示した条件を容れず、五月二十三日に再び会津へ使者を派遣して無条件での上洛を要求した。それを受けた景勝は六月十日に抗戦の意思を家臣に示した、という流れになる。

寛文十二年（一六七二）に向井吉重が編集した『会津旧事雑考』によると、神指城の築城は六月一日に中止となる。同史料によると、神指城の築城中止は会津征討の動きを受けてのことだった。都市計画と領国防衛の両面に力を注いでいた状態から、防衛に一本化した方針転換であり、六月に入ってから慌ただしく抗戦の構えをとった印象を受ける。

八　「直江状」の真偽をめぐって

「直江状」は、直江兼続が慶長五年四月十四日付けで西笑承兌に宛てた書状であり、四月一日付けで西笑承兌が兼続へ宛てた書状に対する返書にあたる。承兌の書状は、家康の意向で出されたもので、上方では上杉氏に対する謀反の疑いが深刻であるにもかかわらず、未だ上洛と釈明のない対応を非難し、改めて上洛を促すものだった。それに対して、兼続は家康への披露状として「直江状」を作成して反論し、上洛を拒絶。「直江状」を見た家康は、兼続の無礼な態度に激怒し、会津征討を決断したとされている。一部例を挙げると、次の通りである。（ここでは、承兌の書状の内容を《承兌》、「直江状」の内容を《直江》とし、照応する箇所をアルファベットで区分する）。

《承兌A》　景勝卿の上洛が遅延していることについて内府様《家康》は少なからず御不審に思っております。上方では穏便ではない（景勝が謀反を企てているとの）噂が流れておりますので、伊奈図書《昭綱》と河村長門を会津へ遣わすことになりました。この旨は使者の口上で伝わるでしょうが、長年の付き合いがあるので愚僧《承兌》は心配になり、こうして文を書くことにしました。神指原に新たに城を築くことや、津川口に道や橋を造ることは良くありません。

《直江A》中納言殿(景勝)が分別《ふんべつ》を誤った時に、貴殿(兼続)が忠言しないのであれば、内府様が御不審に思われるのは止むを得ないことです。
当国(会津)のことについて、上方で様々な雑説が飛び交い、内府様が御不審に思われるのは仕方のないことです。京都と伏見の近距離でさえ、色々と噂が止むことがありませんでした。ましてや、遠方にいる景勝は若輩であり、似合いの噂と思っております。問題ありませんので安心して下さい。その旨、日々(家康に)御披露ください。

《承兌B》隣国の堀監物(直政)が詳細に(上杉氏の動静を)報じているので、きちんと陳謝しなければ、(上杉氏側の)御申し分は通らないでしょう。気に留めておいてください。

《直江B》景勝の心中に別心など毛頭ございません。しかし、讒人(堀直政)の言い分について糾明もせずに、逆心があると思われてはどうしようもありません。従来通りに上杉家のことを思って下さるのであれば、讒言した者と引き合わせて是非を糺すべきです。こうしたこともないのであれば、内府様に別の思惑があるとしか思えません。

《承兌C》京都では増右(増田長盛)と大刑少(大谷吉継)が、内府公と話し合われているので、御申し分があれば二人に伝えてください。榊式太(榊原康政)へも伝えるべきです。

《直江C》増右と大刑少が御取り成し下さるのは有り難いことです。用件がある時は二人にお伝えします。(しかし)榊式太は景勝の表向きの取次です。たとえ、景勝の謀反が歴然だったとしても、一応意見するのが筋目であり、内府様のためにもなります。讒人堀監物の奏《そう》者《しゃ》となって上杉家の妨害をすることではないはずです。（榊原康政が）忠臣か佞臣《ねいしん》か、御分別いただくことを重ねて御頼みします。

「直江状」に激怒した家康が、会津へ向かうために大坂を離れ、そして、家康不在の大坂で三成ら西軍が挙兵したため、結果論でいえば、「直江状」は関ヶ原の役の引き金として歴史を大きく揺るがした書状といえる。また、上杉家の家老にすぎない兼続が、豊臣政権下で独裁的権力を築きつつあった家康に対して堂々と反論した豪胆さは、兼続が人気を集める理由の一つとなっている。

しかし、「直江状」は兼続が書いた原本が現存せず、「直江状」の家康に対する露骨なまでの反論は、礼儀を貴ぶ当時に書かれたものとしては異彩を放っており、約六十年前から偽文書とする指摘があった（桑田一九六五）。ところが、平成二十一年（二〇〇九）に大河ドラマ『天地人』の主人公として兼続が採り上げられたこともあり、議論が再燃。五月十一日に西笑承兌が兼続に返書を記したことが『鹿苑日録』に記載されている（書状の内容は記載なし）こともあって、「直江状」に肯定的な意見が活発化した（今福二〇〇八など）。

ただし、肯定的な立場であっても「内府《（家康）》様または中納言《（秀忠）》様が征討軍を率いて会津へ御下りになるそうですが、お相手いたしましょう」といった趣旨の過激な追而書は、早い時期に成立した写本には書かれていないことから、追而書はあとで書き加えられて改竄《かいざん》されたものであり、伝存している「直江状」の写しは当時のままの字句ではないとする研究者がほとんどである。

また、否定的な立場も、兼続が書いた原本に改竄を重ねて違うもの（「直江状」）が成立した可能性は否めないため、全くの捏造《ねつぞう》と言い切ることはせず、捏造と改竄の両方の可能性を示唆する研究者が多い。また、兼続が承兌に書状を出したこと自体は認めており、「直江状」は兼続が出した書状とは内容が異なるものという立場をとっている。

肯定的な立場の代表には、笠谷和比古氏が挙げられる（笠谷二〇〇七）。笠谷氏は、過激な文言のある追而書のみが後代に別人によって補入改竄された可能性があるとし、五月七日付けの堀尾吉晴・生駒親正・中村一氏・前田玄以《まえだげんい》・増田長盛・長束正家《なつかまさいえ》連署状（『歴代古案』）に「今度《このたび》直江所行《しょぎょう》不届きの儀」と、「直江状」に関する記述があることも肯定する根拠の一つとなっている。

一方、否定的な立場の代表には宮本義己氏が挙げられる（宮本二〇〇八、二〇一二）。西笑承兌書状を持った伊奈昭綱ら糾明使が四月十日に伏見を発ったにもかかわらず、同月十三日に受領したとする「直江状」の記載は物理的に不可能であるという日付の矛盾がある点。また、兼続より上位にあたる増田長盛らに敬称がなく、「増右」といった人名と官職名に略称を用いる非礼な表記の仕方は、身分制（階級）社会の礼儀に馴染まない点などから「直江状」を否定している。また、五月七日付けの堀尾吉晴ら連署状についても、三中老と目された堀尾吉晴ら三名が三奉行と連署しており、さらには三奉行の上位に位置づけられている点、宛所が榊原康政ではなく井伊直政になっている点から疑義を唱えている。宮本氏の指摘は妥当といえる。

結論は前述したが、会津出征前夜の徳川氏と上杉氏の交渉を照らし合わせると、「直江状」は上杉氏が伊奈昭綱らに回答した内容と大きく相違があり、実在したとは考えられない。仮に「直江状」を肯定した場合、上杉氏は四月下旬の段階ですでに家康との抗戦を決断していたことになるため、神指城の築城中止、重臣たちに決意表明をする六月上旬に至るまで、空白の一ヶ月間は何をしていたのかという疑問に直面する。

このように、「直江状」が実在したとは考え難い。だが、『日本諸国記』に「直江状」を肯定できるような記述があり、「景勝が書状で内府様など物の数ではないとの態度を示して内府様を挑発し始めた」という。しかし、『日本諸国記』に記されているような書状が実在したとしても、実際に挑発的な文言が含まれていたのではなく、上洛の拒否を通達したものだったと思われる。この書状が何月に書かれたのか、兼続が書いた書状なのかなど、不明な点が多いが、上杉氏から挑発的な書状が家康のもとに届いたという噂が飛び交い、宣教師も知るところとなったのは事実とみていいだろう。

しかし、上杉氏から挑発的な書状が届いたという情報が広がっていた反面、当時（慶長五年）作成された「直江状」の写本は確認されていない。諸大名を含めて当時の人々は、挑発的な書状が届いたことについては聞かされていたものの、文面については知らされていなかったのではないだろうか。

無論、写本が作成されて諸大名に転送されたという説もある。現存する最古の写本である滋賀県長浜市の下郷共済会所蔵の「直江状」（寛永十七年〈一六四〇〉成立）は巻子本となっており、その見返し部分には「江戸中納言秀忠卿七月七日附書状附属」と朱書きされ、その前方に七月七日付けの徳川秀忠が越後村上（新潟県村上市）の村上頼勝《むらかみよりかつ》（義明《よしあき》）に宛てた書状の写しが小文字で書き留められていることから、秀忠が村上頼勝に書状を出した際に「直江状」の写しを添えたとし、それを筆写して成立したのが現存する最古の「直江状」とする説である（今福二〇〇八、白峰二〇一一）。

「江戸中納言秀忠卿七月七日附書状附属」と書かれていることから、通常はそう解釈すべきであるが、前述のように上杉氏の意向と異なる内容の書かれた「直江状」が当時（慶長五年）存在することはない。したがって、その説は否定される。仮に「直江状」が存在した場合でも、いくつか疑問が生じてくる。最初に秀忠の書状の内容を示すと、次の通りである。

［史料26］

一通申し上げます。たびたびお伝えしておりますように、会津表への出馬（会津征討の決行）は二十一日に定まりました。私は十九日に江戸から出立します。あなたの出陣に関する詳細な指示は、内府から伝達されますので、細かくは申しません。なお後音を期します。恐々謹言。

まず、わざわざ写本を添えたにもかかわらず秀忠は書状で「直江状」について一切言及していない。例えば、毛利輝元が三奉行からの上坂要請状を加藤清正に転送した際には「両三人より、かくのごとくの書状到来候条」という文言を記している（『松井文庫所蔵文書』）ように、転送した写本について一言添えるのが一般的である。

また、秀忠自身「内府より相違せられ候間、委細に及ばず候」というスタンスで書状を出しているように、家康から六月十四日付けで頼勝に会津征討に関する指示が出されており（『保阪潤治氏所蔵文書』）、秀忠は追加の指示を伝達しているにすぎない。

「直江状」の写本を転送する意義としては、家康に対する上杉氏の不誠実な行為を具体的に示すことで、諸大名に会津征討を納得させることにあるだろう。いわば大義名分を掲げるためのものであり、会津征討を命じる第一報に添えるべきものである。また、秀忠は江戸に居たため、上方に届けられただろう「直江状」を転送するのであれば、家康が担うほうが効率的といえる。

そして、下郷共済会所蔵の写本が、秀忠の書状に添えられた「直江状」（写本）を筆写して成立したものであるとするならば、兼続が出した書状（原本）から筆写の過程を二、三回しか経ていないことになる。したがって、ほぼ完全な形で、原本に忠実であることとなり、すでに指摘されている増田長盛らの敬称を省き、略称を用いた問題は避けて通れないだろう。下郷共済会所蔵の写本を作成した人物が、その写本の元となる史料（秀忠の書状と「直江状」）を手にした時、何らかの事情で二つが一緒に組まれていた可能性は高いが、実際に関係性があるかは再考の必要がある。

このように、仮に「直江状」が実在した場合でも、諸大名へ転送されたとは考え難い。だが、意外なことに、伝存する「直江状」の写本を成立した年代順に並べていくと、下郷共済会所蔵の写本の次に古い写本は、文字や文章の学習に用いられる往来物《おうらいもの》だった(承応三年〈一六五四〉成立)。そのあとに『武家事紀《ぶけじき》』(延宝元年〈一六七三〉成立)、『会津陣物語』(延宝八年〈一六八〇〉成立)といった軍学書・軍記物が続いている。つまり、軍学書・軍記物という媒体を経由する以前から、「直江状」は往来物に扱われるほど有名な書状となっていたのである。

この疑問は、往来物に焦点を当てると明らかになる。「直江状」と似た趣旨を持ち、さらに「直江状」に先駆けて寛永二年(一六二五)には往来物となっていた書状があるからである。それは「大坂状并返状」と呼ばれ、大坂冬の陣の直前、家康と豊臣秀頼との間で交わされた一対の書状である。そして、秀頼が家康に出した返状は開戦受諾の内容となっている。なお、「大坂状并返状」はすでに偽書と定まっている。

「直江状」と「大坂状并返状」は、どちらも関ヶ原の役、大坂の陣という家康の天下統一過程における二大戦争において、相手方から抗戦の意思を伝えられたという点で共通している。徳川政権が盤石なものとなった時、次に着手すべきは、その政権が正しい経緯をもって成立したことを天下万民に認識させることである。特に徳川政権の樹立に直結する二大戦争は、正当化すべき対象だった。

会津征討を正当化するには、噂となっていた上杉氏の挑発的な書状に実体を与え、世間に流布させるのが効率的といえる。しかし、上洛に応じる旨が書かれていた兼続の書状を用いれば家康に非があることになってしまう。また、上杉氏が上洛を拒絶する書状を出していた場合でも、六月以降に書かれたものであれば、家康の戦支度のほうが先になってしまう。そのため、糾明使に対する上杉氏の返答を正反対のものにした「直江状」が登場したのではないだろうか。

なお、「直江状」の写本として、往来物のあとに続く軍記物『会津陣物語』は、上杉家臣杉原《すいばら》（水原）親憲《ちかのり》にゆかりのある杉原親清《ちかきよ》が若狭小浜《おばま》藩主酒井忠勝《さかいただかつ》の命によって記したものとされている。延宝年間（一六三七～八一）に国枝清軒《くにえだせいけん》の校訂を経て世に出された点は留意しなくてはならないが、上杉氏ゆかりの人物の手によるものといえる。このほか、『上杉家御年譜』（元禄十六年〈一七〇三〉成立）などの米沢藩関係史料にも「直江状」が収められており、江戸時代中期の上杉家は「直江状」の存在を認めていたことになる。

この理由については、『会津陣物語』の内容から窺うことができる。『会津陣物語』では、会津征討前夜における景勝の主体性は皆無といっていいほど見られず、石田三成との東西挟撃策など、徳川氏との闘争の主体は兼続にあった。また、そこに描かれている兼続の人物像は、人材としては高く位置づけられているが、人柄は横柄であり好印象ではない。つまり、上杉氏は兼続という奸臣《かんしん》によって徳川氏との闘争という誤った道へ導かれてしまったのであり、景勝の意思によるものではないという描き方がされているのである。兼続が徳川氏との闘争に導いたという点は、「直江状」も同様のことがいえる。

毛利氏が関ヶ原の役で西軍の総帥を務めた責任を安国寺《あんこくじ》恵瓊《えけい》に負わせたように、上杉氏にも過去を清算する上で奸臣の存在が必要だったのである。恵瓊が死罪となって毛利家中から姿を消したように、兼続の死後、直江氏も名跡が絶えて上杉家中に子孫が存在しなかったこともあって、兼続はその役割に適任だった。

「直江状」を誰が創作したかはわからないが、「直江状」は徳川氏・上杉氏の双方にとって都合が良いものであり、双方が当時実在したかのように位置づけたために、真実味を帯びてしまったのである。しかし、これまで見てきたように兼続の書いた書状と「直江状」は別物である。

九　前田系の勢力と会津出征

五月十七日付けで島津義弘が息子忠恒に宛てた書状によると、加藤清正は会津征討の従軍を希望したものの、家康から国許に残るよう命じられている（『島津家文書』）。また、同史料には「内府様奥州会津への御出陣、来月中に相定め候」とあることから、義弘も十七日には出征の決定を聞かされていたことがわかる。

前田氏、細川氏、浅野氏は、共に人質を江戸へ送って徳川氏との関係改善に向けた動きが見られるが、清正については、こうした動きは確認できない。しかし、慶長五年二月十三日に清正が大坂に居たことが確認できる（『鹿苑日録』）ため、家康と利長の関係改善を受けて、家康と清正の緊張も解けていたと思われる。

上方で西軍が挙兵して間もない七月二十一日付けで清正が豊前中津（大分県中津市）に居た黒田如水へ宛てた書状によると、七月十九日付けで出された如水の書状に接した清正は、上方の情報を知り、「かくのごとくに候はん（こうなるだろうと思っていた）」と述べている。そのため、以前、家康に意見したが、家康は同意せずに立腹し、清正に対して機嫌が数日間、悪くなったという（『田中家文書』）。

清正が「かくのごとくに候はん」と述べているのは、上方の変事（西軍挙兵）を指していよう。しかし、情報源が十九日付けの如水書状であることから、十七日に出された三奉行の檄文《げきぶん》および「内府ちかひの条々」の内容は把握していないと考えられる。『黒田家譜』には、如水は大坂と鞆《とも》（広島県福山市）、上関《かみのせき》（山口県上関町）の三ヶ所に早舟《はやぶね》を置いて、三日で情報が中津に届くようにしていたとあるので、その通りであるならば、十七日の上方の情報が届いた可能性は多少感じられるが、それでもやや日数が不足している。しかし、十五日には伏見城の徳川軍が籠城を始めており（『舜旧記』）、十六日には大坂に居た蜂須賀家政《はちすかいえまさ》が、安国寺恵瓊から毛利輝元が三成らの挙兵に関与していると聞かされている（『毛利家文書』）ため、十七日以前の上方の情報であっても変事が起きていることは伝わっていよう。

清正は家康に意見したとあるので、家康自ら会津へ出陣することに反対、あるいは会津征討そのものに反対したのだろう。そして、最終的に清正が、家康の考えは「天下の乱れ候儀、苦しからず」だと察したと述べているように、家康は会津征討を是が非でも進めようとしていた。

浅野幸長が五月二十六日に記した書状によると、伊奈昭綱が会津から帰還し、詳細を聞いた家康は機嫌を悪くして会津征討を決断している。また、五月二十三日に上杉氏に対して再び使者が遣わされたものの、家康は上杉側の返答に拘らず、江戸までは軍勢を率いて下る予定だった（『坂田家文書』）。

五月十七日付け島津義弘書状の内容を踏まえても、五月二十三日の使者派遣は会津征討を推し進めるための形式的なものだったといえる。このように、会津征討を是が非でも進めたい家康に対する説得は不可能に近かった。しかし、清正はこうした家康の意向を読み取れず、家康の怒りを招いてしまったのである。

だが、清正が述べているように、家康の怒りは数日で収まった。おそらく、清正が国許に残されたことと、家康の腹立ちは無関係だろう。『綿考輯録』には「肥後熊本の城主加藤主計頭清正、九州の押さえとして在国に付き」と記されている。前述のように、家康は出征の号令を諸大名に下す以前の段階において、守備を命じた島津義弘や、先鋒を命じた細川忠興といった一部の者にしか出征に関する情報を発信していなかった。この点を踏まえると、清正が会津出征に関する情報を事前に聞かされ、それに関して家康に意見が言えたことは、清正が家康に近い立場にあったと評価することができる。そして、清正は国許に残りながらも、出征中の家康周辺に小姓や家臣を同道させており（『黒田家文書』）、それを家康に認められていたのである。家康の清正に対する信頼は決して低いとはいえない。

浅野幸長も五月二十五日に家康と対面した際に先鋒に命じられている（『坂田家文書』）。また、前田利長も五月二十二日付けの書状で「又々あいづ《(会津)》の義、いまだすみ《(済)》申さず候、御出陣あるべきやうに、うけ給《たま》い候、我等《(利長)》義、いづかた《(何方)》へなりとも、大ふ《(家康)》御さしづ《(指図)》しだい、まかりたち申すべく候」と述べていることから（『武家手鑑』）、出征に関する情報を事前に聞かされていたといえる。

家康暗殺計画の風聞に端を発した一連の事件の解決を経て、細川忠興・浅野幸長ら前田系の勢力に属していた者たちと家康の関係はより強固になった。利長が書状で述べている言葉に表れているように、彼らにとっては会津征討で存分に働いて家康に忠誠を示す必要があった。こうした彼らを存分に使役して、家康は会津征討の準備を進めていったのである。

十　加賀征討へ向かう動き

最後に、加賀征討へ向かう一連の動きについて検討していきたい。家康暗殺計画の風聞を契機として、天下の動静は、前田利長を征討しようとする加賀征討へ向けて動き出すが、前述したように事件の詳細を記した一次史料が未だ確認されていないため未解明な部分が多い。そこで類似する事件である会津征討と比較しながら見ていきたい。

会津征討は実際に出征が行われているため、それに関する記述も一次史料から多くが確認できる。しかし、出征前の動きとなると、出征に言及した一次史料の数は非常に限られる。管見の限りでは、前述した『舜旧記』、四月二十七日付け島津義弘書状、五月十七日付け島津義弘書状、五月二十二日付け前田利長書状、五月七日付け最上義光書状（写）、五月三日付け徳川家康書状（写）、浅野幸長書状（写）くらいである。

会津出征前夜の動きを見ると、家康は会津征討が正式に決まる以前から水面下で準備を進めている。糾明使が派遣される以前から最上義光に堅固な備えを命じるなど、対上杉氏の包囲網を形成。糾明使が帰還する以前に、細川忠興は上方勢の先鋒を命じられ、島津義弘は伏見城の守備を命じられるなど、征討軍の編成が進められていた。その後、六月上旬に出征の号令が下されている。そのため、出征に関する情報を事前に得られたのは、伏見城の守備を任された島津義弘、先鋒を任された細川忠興と浅野幸長、津川口の主将である前田利長、米沢口の主将であると共に包囲網の一端を担っていた最上義光といった役割を課せられた者たちだった。

このことは、出征に関する情報の格差を生んだといえる。『義演准后日記』五月二十日条で「伝聞、東国・北国悉《ことごと》く和談云々、珍重」と、義演が真逆の認識を持っていたように、家康は細川忠興をは

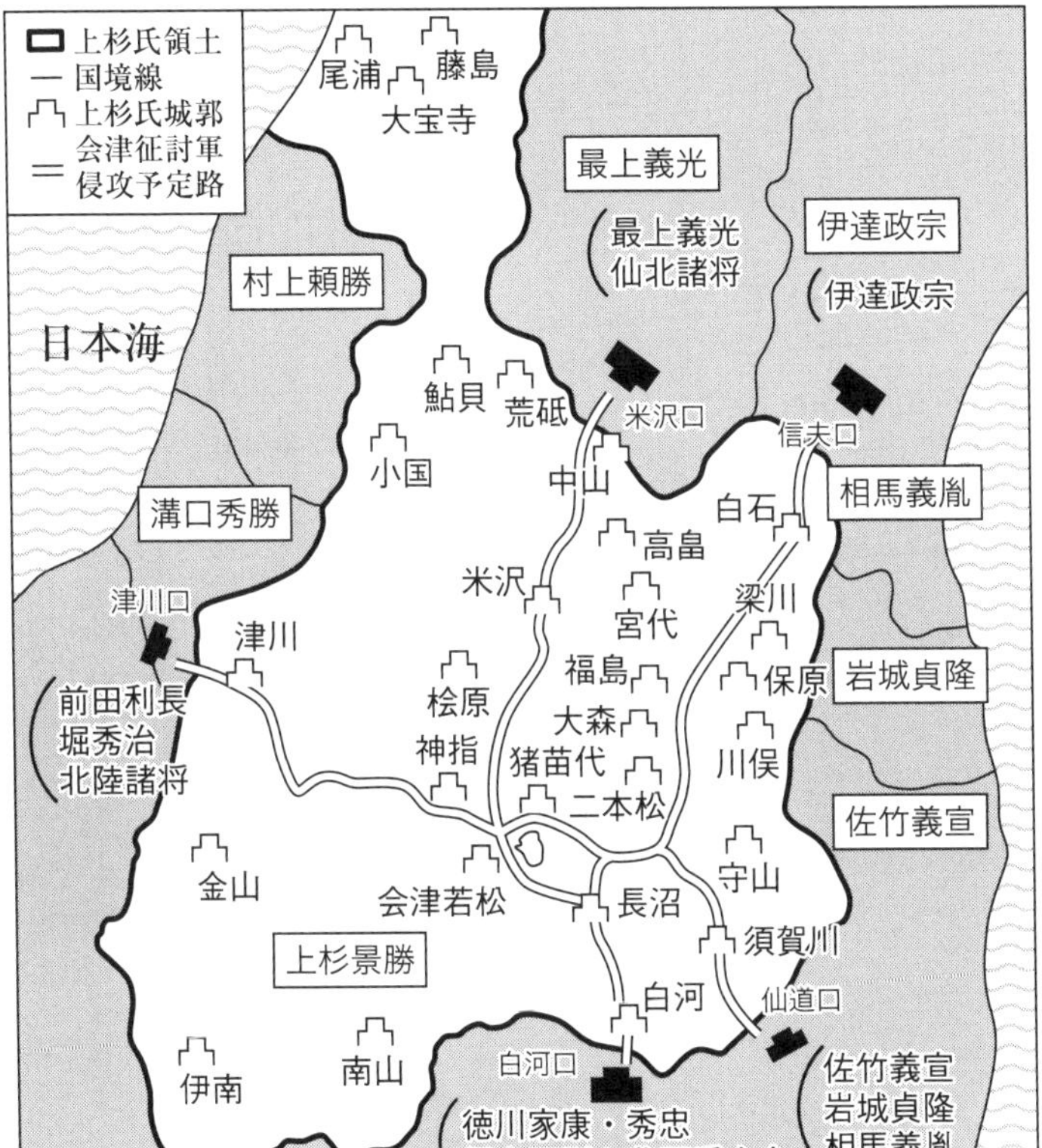

会津征討における各侵攻口担当諸将

じめとする一部の者以外には、出征に関する情報を発信していなかったと考えられる。多くの者は、六月上旬に大坂城西之丸で家康が発した号令を受けて会津征討が正式に決行となったこと正式にを知り、それ以前は他者からの情報提供や、風聞から成り行きを探っていくほかは術がなかっただろう。

家康が出征に関する情報を広範囲に発信しておらず、一部の者にしか詳細な情報を与えていなかったことが、出征以前において出征に言及した一次史料が少ない大きな要因である。例えば島津義弘の場合は、庄内の乱が解決した礼を述べるために、家康に謁見した時に伏見城の守備を命じられ、出征に関する情報を得ることができた。また、家康も伏見城の守備という役目を島津氏に課したがゆえに話した情報だった。加賀征討の場合、島津義弘や最上義光は役割を与えられておらず、前田利長と浅野幸長は敵対視された側である。そして、もとより出征に至っていないのであるから、一次史料が残らないのは致し方のないことである。こうした史料の残存状況から未解明な部分が多く、家康暗殺計画の風聞に端を発した一連の動きをフィクションとする説が出たほどであるが、一次史料が残っていないからといって、こうした動きがなかったということではない。

慶長四年九月の事件においては、内藤隆春が大野治長の処分に関して正確な情報を得られておらず、風聞に頼る有様だったことから、家康に連携を働きかけられた毛利氏でさえ、正確な情報が得られていたかは疑問であり、当時の人々の大半は風聞を頼りにしていたといえるだろう。慶長四年九月以降、家康が主導した豊臣政権が、独裁制の強い、閉ざされたものだった様子が窺える。

九月二十七日付けで利長が堀秀治に宛てた書状によると、堀秀治は利長を案じて上方の変事を報じ、利長に上洛するよう進言していた（『徳川美術館所蔵文書』）。堀秀治の領地がある越後は、前田領国の東に位置しており、会津出征前夜では上杉氏の動静を報じているように上杉領国とも接している。堀秀治は、家康にとって対前田氏、対上杉氏の包囲網を形成する上でのキーパーソンであったことから、家康からの指示と共に、詳しい情報も得られたのだろう。

通説では、慶長四年十月三日に家康は諸将を大坂城西之丸に招集し、加賀出征の号令を下したとされている（『武家事紀』）。また、その際に加賀小松（石川県小松市）の丹羽長重《にわながしげ》は先鋒を請い、翌日に家康から吉光《よしみつ》の脇差を与えられたという。

しかし、会津征討の事例を踏まえれば、これは後世の創作と思われる。会津征討の際は、出征の号令が出される以前に家康は細川忠興らに先鋒を命じ、島津義弘に伏見城の守備を命じている。出征の号令を下す前に重要な役割を担う者たちに声をかけて、出征の手筈を整える用意周到さが、加賀征討の筋書には見られない。また、会津征討の際は、号令が下ると諸大名はすぐさま戦支度を始めて軍事行動に入っているが、軍事行動への移行が見られない点からも、加賀出征の号令は下っていないと判断する。

『寛永諸家系図伝《かんえいしょかけいずでん》』によれば、丹羽長重は家康の厳命によって国境を塞いだという。ここでは出征や先鋒に関する話は書かれておらず、吉光の脇差は国境を塞いだ恩賞として与えられている。会津征討の際、出征前から最上義光や伊王野資信が上杉氏を牽制し、包囲網の一端を担っていた事例と重なるものであり、『寛永諸家系図伝』の内容は事実に近いと考えられる。

一方、征討軍の編成については、どこまで進んでいたかはわからない。会津征討の事例を踏まえれば、先鋒を任される大名は、出征の号令が下される前に家康から内々に通達されるため、先鋒を務める大名は決まっていた可能性はあるが、利長と景勝が盟約を結んだという風聞が慶長四年冬頃から広まっていたため、征討軍の編成を手掛ける前に断念した可能性もある。いずれにしても史料的根拠を欠くため判断はできない。

出征の号令は下っていないが、それによって加賀征討へ向かう動きを否定するものではない。『象賢紀略』には和睦交渉の際に、家康の五男武田信吉《たけだのぶよし》を利長の養子として加賀二郡を譲渡する話が上がったとする。『当代記』も、信吉を利長の養子として金沢城と二十万石の領地を割譲する話が上がったが、芳春院と家老が人質として江戸に下ったため、これらの話はなくなったとする。前田氏関係史料である『象賢紀略』に記載されていることから、武田信吉を利長の養子として領地を割譲する要求があったと考えていいだろう。このような全面降伏に等しい条件が、軍事的脅威なくして提示されるとは到底考えられるものではなく、前田氏が滅亡の危機に瀕していたことを物語っている。また、私婚問題の際に征討軍を向けられる危機に瀕した経験を有する家康が、豊臣公儀から疎外された利長に対して征討軍というカードを用いないはずもない。

利長が家康との和平の道を模索する一方で、高畠定吉らに防備を整えることを命じたように、家康も利長と交渉を行う一方で、交渉決裂に備えて加賀征討の準備も進めていたと考えられる。私婚問題や会津征討の事例を踏まえれば、交渉と並行して軍事的な動きがないほうが不自然である。牽制軍の派遣や、丹羽長重に国境を塞がせるなど、すでに包囲網は形成されていることから、征討軍の編成と、出征の号令を残すのみだったといえるだろう。

第四章　西軍の挙兵

一　佐和山引退後の石田三成

通説では、徳川家康は石田三成の挙兵を誘うために会津征討を行ったとされる。しかし、第三章で見てきたように、家康の方針は大老衆一人ひとりを豊臣公儀から孤立させて排斥していくというものであり、家康暗殺計画の風聞に端を発した一連の動きの延長線上に会津征討はあった。いわゆる権力闘争の一端であり、けっして、三成の挙兵を誘発し、反徳川勢力を一網打尽にするために起こした軍事行動ではない。そもそも、三成が家康の留守を衝いて挙兵に及ぶと当時の人々は思っていたのだろうか。

姜沆《カンハン》の記録『看羊録《かんようろく》』は、上杉景勝《うえすぎかげかつ》が前田利長《まえだとしなが》と協力して関東を攻撃し、家康が関東へ戻った場合、上方《かみがた》で加藤清正《かとうきよまさ》らが挙兵すると人々は口にしていたと記している。もっとも、清正と家康の関係は、家康暗殺計画の風聞に端を発した一連の事件の最中は冷え込んだが、事件の解決を経て改善されている。姜沆は慶長五年（一六〇〇）四月二日に伏見を離れ、同年五月十九日に釜山《プサン》へ着いて帰国していることから、それ以前の情報であることを留意しなくてはならないが、少なくとも加賀征討が取沙汰されていた時は、三成が疑われていた様子はない。むしろ『看羊録』は、この頃の三成の動向について興味深い記述を残している。

第三章で見てきたが、『看羊録』は、暗殺計画があると家康に密告したのは三成としている。そして、「家康に媚《こ》びようという心積もりもあって」と三成の行動を評している。もっとも、管見の限りでは同時代の人物で三成を密告者と記したのは姜沆のみであり、三成が本当に密告したかはわからない。『看羊録』の史料的性格からすると、噂にすぎない可能性がある。細川氏の家史『綿考輯録《めんこうしゅうろく》』など日本側の史料にも三成の密告が記されているものの、徳川治世下に編纂された二次史料であるため、鵜呑みにはできないだろう。しかし、姜沆が当時の三成を「家康に媚びようという心積もりもあって」と評している点は無視できない。

また、近江佐和山《さわやま》（滋賀県彦根市）にいた三成は、家康からの出兵要請に応じて、前田利長の軍勢が上方へ入って来られぬように一千余の軍勢を越前へ派兵している（『島津家文書』）。この三成の出兵は、『看羊録』にも記されている。むろん、これは豊臣政権の軍役であり、三成はあくまで秀頼の命令で出兵したという立場である。これをもって家康の配下になったというわけではない。

しかし、未だ家康の独裁的権力が盤石ではない時期において、戦局の要となる場所に三成の軍勢を充てたことは、家康が三成に対して一定レベルの信頼を寄せていたことは認めざるを得ないだろう。さらに、三成が家康に対して協力的な姿勢をとった事例はほかにも見られる。

重陽《ちょうよう》の節句（九月九日）に向けて大坂へ入った家康が宿所としたのは、備前島《びぜんしま》（大阪市都島区）の三成邸だった。その後、大坂城の曲輪《くるわ》の中に屋敷を有する石田正澄《まさずみ》（三成の兄）が、家康に自身の屋敷を提供し、堺へ移っている。のちに家康は大坂城西之丸へ居を移すが、正澄邸には平岩親吉《ひらいわちかよし》を入れている（『板坂卜斎覚書《いたさかぼくさいおぼえがき》』）。つまり、石田一族は家康に、大坂における拠点を提供していたのである。

家康暗殺計画の風聞に端を発した一連の事件で、三成は家康に対して大坂における拠点を提供し、家康の出兵要請にも応じている。三成は、家康の執政を認める一大名として、「家康に媚びようという心積もりもあって」と評されるほど協力的な姿勢をとり、家康も三成の姿勢を認めて、利長の牽制に三成を充てたのである。また、三成が家康に対して協力的な姿勢を示す一方で、家康が三成に対して強い影響力を持っていたことも窺うことができよう。

家康が三成に対して強い影響力を持つことができたのはなぜなのか。慶長四年閏三月に三成陣営が崩壊したあと、家康は三成陣営に与していた吏僚たちの懐柔を図った。『日本諸国記』には、家康が小西行長《こにしゆきなが》（肥後宇土《うと》城主）を味方に引き入れようと努めた様子が記されている。

［史料27］

（石田）治部少輔追放後、内府様（家康）は（小西）ドン・アゴスチイノを己れの味方に引き入れようと努めた。まず第一に、彼の朝鮮における大いなる事績を、次いで彼がその友人の（石田）治部少輔に対して示した多大の忠誠心を、それぞれ称賛することによってである。その上、内府様は、日本の他の諸侯から徴したのと同様に（小西）ドン・アゴスチイノからも或る誓約を取りつけようとした。（すなわち）内府様が政権をとった時には、自分たちは必ず内府様を助け、その陣営に立つだろうという内容である。しかし、（小西）ドン・アゴスチイノは、若君秀頼様の栄誉や身分を傷つけぬよう万全を尽くすという条件を別にしては、その誓約に応ずることを欲しなかった。

『日本諸国記』は、このあと、家康は行長との縁組を画策し、懐柔に苦心していた様子を伝えている。しかし、差異はあるものの、小西行長、寺沢広高《てらざわひろたか》（肥前唐津城主）、大谷吉継《おおたによしつぐ》（越前敦賀城主）をはじめ、三奉行（増田長盛《ましたながもり》・長束正家《なつかまさいえ》・前田玄以《まえだげんい》）といった三成陣営に与していた吏僚たちは、徐々に家康の執政へ協力的な立場をとることとなる。

特に大谷吉継は、奉行衆に準じる格で登用されたといっても過言ではないほど、家康の独裁権力下で重用されている。吉継は、慶長四年十月二日に島津忠恒《しまづただつね》へ宛てた書状（『島津家文書』）で、庄内《しょうない》の乱

〔島津家の内乱〕における家康の意向を取り次いだのを初見として、宇喜多家の家中騒動の仲裁（『板坂卜斎覚書』）や、家康と利長の和平交渉に携わっている（『象賢紀略《しょうけんきりゃく》』）。真偽は定かではないものの、西笑承兌《せいしょうじょうたい》が四月一日付けで直江兼続《なおえかねつぐ》に宛てた書状によると、会津出征前夜においては増田長盛と共に上杉氏との交渉にも携わっている（『歴代古案《れきだいこあん》』）。三成に次いで浅野長政《あさのながまさ》も失脚し、奉行衆の中で二名も欠員がいると執政に差し支えがあったのか、吉継は政権中枢で起こる事件に必ずといっていいほど登場し、奉行衆に準じた働きをしている。

一方、三成は慶長四年閏三月の騒動によって佐和山へ引退に追い込まれたが、三成の引退に伴って息子重家《しげいえ》が石田家の当主となり、石田家は保たれていた。家康の裁定によって三成は失脚となったが、石田家を存続させたのも家康だったのである。姜沆に「家康に媚びようという心積もりもあって」と評されるほどの家康に対する協力的な姿勢は、石田家の存続を保つために必要なものだったといえる。

一般的な三成のイメージは、専横を振るう家康に対して異を唱え、反家康の立場を終始貫いたとするものである。しかし、実際の三成は闇雲に家康に立ち向かったりはせず、佐和山に引退していた時期は家康に協力的な姿勢をとっていたのである。

二　会津出征前夜の石田三成

三成が「家康に媚びようという心積もりもあって」と評されるほど家康に対して協力的な姿勢をとった理由は何だったのだろうか。関ヶ原の役を見据えて、時が来るまで家康の警戒を解くことにあったのか、単に家の存続を図ったものだったのか、正確にはわからない。しかし、これから見ていく内容を踏まえると、前者のほうが強かったのではないかと思われる。

一時は家康に協力的な姿勢をとっていた三成だったが、会津出征の際に家康とトラブルを起こしている。

浅野幸長《よしなが》が慶長五年五月二十六日に記した書状によると、石田家は重家の会津征討従軍に猛反発したため、代わりに三成が従軍するようにと家康の命が下ったとある（『坂田家文書』）。また、上杉家臣の来次氏秀《きすぎうじひで》は六月十日付けの書状で、勝右衛門という景勝に仕える船頭が大坂から下国して語った情報として、家康が三成と福島正則《ふくしままさのり》に対して、会津征討のために佐和山城と清須城《きよす》（愛知県清須市）の借用を要請したが拒絶されたという話を記している（『杉山悦郎氏所蔵文書』）。

浅野幸長書状から、石田家は五月二十六日にはすでに従軍を命じられていたといえる。また、来次氏秀書状には、勝右衛門は五月十八日に大坂を発ったとあるので、十八日まで遡ることができよう。

佐和山城の借用要請の件が正しい情報であれば、出征の準備に関わるため、出征の号令が下される前に命令が来るのは当然であるが、前田系の勢力と同様に、石田家も存分に使役することで、家康に対する忠誠を試そうとしたということだろう。

一方、石田家が重家の従軍に猛反発したのは、十代の重家を従軍させたくないということよりも、挙兵計画が背景としてあったものと思われる。三成が挙兵したあと、関東に差し掛かった重家が人質とされることを危惧したため、重家の従軍を拒否したのではないだろうか。

序章で若干触れたが、三成は真田昌幸《さなだまさゆき》（信濃上田城主）に対して挙兵計画を事前に伝えていなかったことを七月三十日付けの書状で詫びている（『真田家文書』）。

［史料28］

まずは、このたびお恨みのことについて、事前に（挙兵計画を）お報せせず、お腹立ちは無理もありません。しかしながら、内府《（家康）》が大坂にいる間は、諸将の心は如何にも計り難く、（挙兵計画の）口外は控えておりました。特に貴殿《（昌幸）》御事をとりましても、公儀を疎かにすることのない方ですので、情勢がこのようになった以上、どうして支障がありましょうか。いずれにしましても、隠密に報せたところで、世の中（の情勢）が成り立たなければ、御一人だけ御同意いただいても仕方ないと思っておりました。ただし、今は後悔しております。お恨みは無理もありません。しかしながら、そのようなことは忘れてください。千言万句を言いましても、太閤様の御懇意をお忘れなく、現在の御奉公を願うところです。

詫びにかなりの紙幅を割いており、文言からも昌幸が相当に怒っていた状況が伝わってくる。そして、詫びる三成も、やや開き直っている感があるものの、心情を吐露しながら事情を説明している。三成は挙兵計画を報せなかったことを詫びているので、挙兵計画に大きく関わっていたことは間違いない。しかし、昌幸一人だけ味方になっても仕方ないとしており、情勢を重要視している。三成は、少数での決起は考えておらず、単独で計画を練るつもりはなかったのである。情勢を覆す力が伴って初めて挙兵計画は始動したのである。

三　三成を立ち上がらせたのは何か

挙兵計画を始動させた、情勢を覆す力とは何だったのだろうか。三成と上杉景勝が会津出征以前から連携をとっており、家康を東西から挟撃する作戦だったとする事前盟約説が存在する。しかし、三成は七月三十日付け真田昌幸宛ての書状（『真田家文書』）をもって、会津へ向かう三成の使者に対して案内する者を付けて欲しいと昌幸に依頼していることから、この頃の三成は景勝との交信ルートを有していなかったといえる。また、八月十日付け真田昌幸・信繁《のぶしげ》宛て石田三成書状（『浅野家文書』）では「とにもかくも、早々に会津へ使者を遣わして、公儀を尊重し、拙者（三成）と相談するように（昌幸から景勝を）説得してください」と述べていることから、三成が挙兵した段階では、三成と景勝の間に盟約は結ばれておらず、挙兵後に協力関係を築こうとしており、事前盟約説は否定されよう。情勢を覆す力は上杉景勝ではなく、ほかのところにあったのである。なお、『日本諸国記』は西軍が決起した流れを次のように記している。

［史料29］

内府様（家康）は急いでいたし、全員がただちに後続するものと考えていたので、自信をもって全兵力を率いて関東に向かった。幾人かの奉行は内府様に従ったが、その歩みは緩慢だった。その一人は（石田）治部少輔の城を通過する時に彼と連絡をとり、兼ねて仕組んでおいた計略を明らかにしようと決意した。そこで、あとからやって来た者たちと談合し、全員大坂へ帰ることで一致し、すぐに行動した。このようにして、たちまち両者の関係は決裂して、日本のほとんどすべての諸侯の間に、内府様に背反する同盟が結成された。重立った奉行、および大坂にいた三名の奉行も彼らと合流し、彼らと一致団結し、内府様に敵対する立場を明らかにして内府様を政治から放逐した。彼らは内府様に自らの領国にとどまるようにとの伝言を送り、幼君秀頼様に対し、またその父君太閤様の命に背き犯した数ヶ条の罪状を突きつけた。

傍線で示した三つの「奉行」について整理を行うと、最初の「幾人かの奉行」の「奉行」は原文では「領主」や「大身」などと訳すことが多い senhores が用いられている。それに対して、残りの「重立った奉行」「大坂にいた三名の奉行」の「奉行」には一般的には「統治者」を意味する governador が用いられている。つまり、前者は大名、後者は大老衆・奉行衆を指しており、「大坂にいた三名の奉行」は増田長盛・長束正家・前田玄以の三奉行が該当し、「重立った奉行」には毛利輝元《もうりてるもと》、もしくは宇喜多秀家《うきたひでいえ》を加えた二大老が当てはまると考えられる。そして、佐和山城を通過する時に三成と連絡をとったとされる人物は、毛利氏の外交僧安国寺恵瓊《あんこくじえけい》もしくは大谷吉継であろう。通説と大きな差異はなく、イエズス会の宣教師は入手した情報に手を加えず、そのまま記したと考えられる。当時の人々の認識を知る上で信用できる記述といえるだろう。

また、七月十五日付けで島津義弘《よしひろ》が上杉景勝に宛てた書状には、次のように記されている（『薩藩《さつはん》旧記雑録《きゅうきざつろく》』）。

［史料30］

未だ書信のやり取りはございませんが、御連絡いたします。このたび内府《(家康)》が貴国《(会津)》へ出征しましたので、輝元《（毛利）》、秀家《（宇喜多）》をはじめ、大坂御老衆《（三奉行）》、小西《（行長）》、大刑少《（大谷吉継）》、治部少《（石田三成）》が相談し、秀頼様の御為には貴老《（上杉景勝）》御手前に味方するのが良いと決断したとの旨を承りました。拙者もその通りであると思います。詳細は石治《（三成）》からお伝えします。以上。

義弘は、毛利輝元、宇喜多秀家、三奉行、小西行長、大谷吉継、石田三成が西軍を組織したとしている。三成の副状《そえじょう》が出されるとしていることから、義弘が個人的に出したものではなく、組織（西軍）の意向が働いて出された書状である。この書状はあくまで写しであるが、七月三十日付け真田昌幸・信繁宛て大谷吉継書状（『真田家文書』）にも「年寄衆《（奉行）》、輝元《（毛利）》、備前中納言殿《（宇喜多秀家）》、嶋津《（義弘）》、そのほか関西の諸侍一統をもって」とあるので、輝元（および安国寺恵瓊）、秀家、三成、三奉行、行長、吉継、義弘が西軍の中枢を担ったと考えていいだろう。

三奉行は七月十二日付けの次の書状で輝元に上坂を要請し、後述するように、西軍総帥に就けるという重要な役割を果たしている（『松井文庫所蔵文書』）。

［史料31］

大坂の御仕置《（統治）》のことについて、御意を得たいことがありますので、早々に御上がりください。詳細は安国寺《（恵瓊）》から申し入れます。長老《（恵瓊）》が御迎えに下るはずでしたが、この地《（上方）》のことを相談する必要がありましたので、それ（恵瓊の下向）は無くなりました。早々（の上坂を）お待ちしております。恐惶謹言《きょうこうきんげん》。

上坂要請状を受けとった輝元は、同月十五日に広島から出舟。光成準治氏は、十二日付けで出された上坂要請状は十五日に到着した可能性が高いとし、輝元の対徳川闘争への即断を指摘している（光成二〇一八）。また、輝元は上坂要請状の写しを副えて、十五日付けで書状を肥後熊本に在国していた加藤清正へ送っている（『松井文庫所蔵文書』）。

［史料32］

確実を期して申し入れます。両三人《（三奉行）》より、このような書状（上坂要請状）が来ました。是非に及ばず、今日十五日に出舟します。とにもかくにも、秀頼様へ忠節を遂げる旨を言上します。皆（秀頼様の）御指図に従います。早々の上洛をお待ちしております。恐々謹言。

三奉行が上坂を要請した意図として、三成と吉継の挙兵を鎮圧するよう依頼したとする見方もある（笠谷二〇〇〇）。しかし、『松井家先祖由来附《まついけせんぞゆらいづけ》』によると、在国していた輝元は、三奉行から大坂へ来るようにと七月十二日に飛船《とびふね》をもって命じられ、十五日に出舟するにあたって清正を味方に付けようと書状を送った。しかし、清正は同意せずに即刻、使者を細川氏の老臣松井《まつい》康之《やすゆき》へ派遣して、これらの書状の写しを送ると共に詳細を伝えたとあるので、その説は否定されよう。

［史料31］を見ると、輝元と三奉行の間で、恵瓊が三奉行の使者として輝元を迎えに行く段取りになっていたようである。そして、詳細を説明する恵瓊の下向が無いにもかかわらず、輝元は同月十五日に広島から出舟している。輝元は書状の内容をすでに把握していたがゆえに、口上を述べる使者が必要なかったのだろう。これらのことから、上坂要請状は、輝元および恵瓊の側から三奉行に発給するよう要請したと考えられる。

［史料32］では、輝元は清正の上洛を促している。自身の動向まで記しており、西軍総帥として諸大名に対して協力を命じるといったものよりも、私信に近い文言となっている。清正と家康の関係は、加賀征討をめぐる一連の事件の解決を経て改善されていたが、輝元は、対徳川闘争に清正が参加すると期待していた様子が窺える。清正が九月二十九日付けで鍋島直茂《なべしまなおしげ》（龍造寺氏の老臣）に宛てた書状（『直茂公譜考補』）には「関東表の合戦、輝元方敗軍に付て」と西軍を「輝元方」として扱っており、これには［史料31］が影響しているだろう。また、豊前中津（大分県中津市）に在国していた黒田如水《くろだじょすい》は八月一日付けで毛利家臣の吉川広家《きっかわひろいえ》宛ての書状（『吉川家文書』）で「天下の儀、てるもと《（輝元）》様御異見《（意）》成され候様にと、奉行衆申され、大坂城御うつり《（移）》なされ候事、目出度《めでたく》存じ候」と外交辞令を述べており、上坂要請状が輝元に「天下の儀」に携わってもらう、つまり西軍総帥に就くよう要請したものである

ことは広く知れ渡っていた。輝元を西軍総帥の地位に就けたのは三奉行であり、輝元の正当性は三奉行によって裏づけされたものだったのである。

しかし、『板坂卜斎覚書』によると、増田長盛は徳川家臣の永井直勝《ながいなおかつ》に七月十二日付けで三成と吉継に不穏な動きがあるという風聞を記した次の書状を出しており、前田玄以と長束正家からも上方の動静が徳川氏に報じられたとある。

［史料33］

一筆申し入れます。このたび垂井《たるい》（岐阜県不破郡）において大刑少（大谷吉継）が両日（病を）患い、石治少（石田三成）が（吉継に）出陣を訴えたと、こちらでは雑説が飛び交っております。なお、引き続き連絡いたします。恐々謹言。

『板坂卜斎覚書』は覚書という性格上、慶長四年閏三月に石田三成を失脚に追い込んだ七将のメンバーに誤りが見られるなど、特に人名が列記される箇所に誤りが出てくる。前田玄以と長束正家の名が記されている箇所には、上方の動静を報せた人物として生駒親正《いこまちかまさ》、蜂須賀家政《はちすかいえまさ》、滝川雄利《たきがわかつとし》、新庄直頼《しんじょうなおより》、柘植与一《つげよいち》、浅野長政も名を連ねており、浅野長政は関東に居ることから誤りであるが、滝川雄利は七月二十二日付け徳川秀忠《ひでただ》書状によって、動静を報じていたことが確認できる（中村一九八〇）。

前田玄以と長束正家についても、家康は七月二十三日付け最上義光《もがみよしあき》（出羽山形城主）宛ての書状（『譜《ふ》牒《ちょう》余録《よろく》』）で、三奉行から届いた書状の写しを副えるとしているので、三奉行が家康の味方であることを示す書状（おそらく上方の動静を報じたもの）がもたらされたと考えてよいと思われる。

［史料33］については、白峰旬氏が、①原文書がなく写の文書しか伝存しない、②内容的に文章が短すぎる、③反家康として活発に動いていた安国寺恵瓊の動きについて全く触れていない、といった疑問点を指摘している（白峰二〇一六）。原文書の不在はさておき、歴史的に重要な文書でありながら『板坂卜斎覚書』と同時期（十七世紀中期以前）に成立した編纂史料に見られない点、覚書という体裁をとっているにもかかわらず所在不明の文書の文面を復元している点からも、白峰氏の指摘は正しいと思われる。

［史料33］が偽文書であったとしても、三奉行が上方の動静を報せた可能性は高く、その理由を考えなくてはならない。推測となるが、三奉行は家康の独裁権力下においてポジションを有していることから、クーデターを起こす利点は三成と比べて大きいとはいえない。クーデター失敗に対する危惧も少なからずあっただろう。こうした要素から三奉行は、当初は家康にも通じており、毛利氏が大坂城を占拠した十七日頃から本格的に西軍に参画したと考えられる。

また、大谷吉継の動向についても、八月二十二日付けで佐々行政《さっさゆきまさ》（正孝）が秋田実季《あきたさねすえ》（出羽湊城主）に宛てた書状（『秋田家文書』）で、吉継が垂井まで進軍したところ、三成からの使者が来て佐和山で二日間談合したという情報を記しているので、当時こうした風聞があったことは確かだろう。この情報通りであるならば、吉継は会津征討に従軍するために垂井まで進軍しており、その後、上方へ引き返していることから、挙兵計画の首謀者ではなかったと考えられる。

小西行長は『日本諸国記』で、次のように西軍の重立った者として位置づけられている。

［史料34］

この同盟に参加していた重立った者は、（小西）ドン・アゴスチイノ（行長）と、その親友（石田）治部少輔であった。両名は非常な勇気と智略に富み、太閤様から賜った大いなる恩義を感じていた。太閤様は存命中、この両人に対して深い愛情を常に抱いていたし、両者が大領主になったのも太閤様のおかげであったからである。したがって両者にとり、太閤様の若君（秀頼）が、内府様のために世襲封土を剝奪され、栄誉や身分の点での毀損を被ることに我慢がならなかった。このために両者は、若君に対する忠臣として、どうしたらその身分を今まで通りにとどめることができるか、絶えず心を労してきた。そして両者は、この一点につき諸大名と談合の結果、最終的にこの同盟を結ぶに至った。その成否はかか《マ》ってか《マ》の策略にあったが、日本の政治史においてこの同盟くらい入念に仕組まれたものはなかった。これによって大いなる名声と栄誉が、殊にかの二人の領主に帰したのであった。

しかし、行長は正月十一日付けで島津義久《よしひさ》へ宛てた書状（『島津家文書』）で一両日の間に上洛すると伝えて以降、国許への帰還はないことから、挙兵を想定して上方に居たとは考え難い。

本戦当時は十四歳で、島津義弘に従っていた神戸久五郎（松岡千熊）の咄覚《はなしおぼえ》によると、島津義弘の伏見城守備の話は、伏見城の留守居だった鳥居元忠《とりいもとただ》らに拒絶されて反故になったという（『薩藩旧記雑録』）。事の真偽はともかく、義弘は七月十四日付けで国許にいる島津忠恒に宛てた書状（『島津家文書』）で「手前無人にて、何を申候ても罷り成るまじくと、迷惑（困る）この時に候」と、手勢の少なさを嘆いていることから、行長と同様に挙兵を想定して上方に居たとは考え難い。

宇喜多秀家は、輝元に上坂要請状が出される以前から西軍としての行動が確認できる。秀家は、六月十一日の在国が確認できるが（『義演准后日記《ぎえんじゅごうにっき》』）、上洛して七月五日に秀吉を祀る豊国社《ほうこくしゃ》で神馬《じんめ》を奉納して武運を祈っている（『舜旧記《しゅんきゅうき》』）。また、二日後には秀家の正室（豪姫）の指示で湯立《ゆだて》の儀式が行われ、北政所《きたのまんどころ》の名代として東殿《ひがしどの》が参詣している（『舜旧記』）。

これらの儀式の目的は、関ヶ原の役の戦勝祈願である。光成準治氏が指摘するように、会津征討の武運を祈るものだとすると、出陣前に執り行うはずであり、秀家の名代として出陣した宇喜多詮家《あきいえ》が豊国社への参詣に同道した形跡がない（光成二〇一八）。その可能性は否定されよう。

また、上杉家臣の来次氏秀は、大坂からの情報として、輝元と秀家は秀吉の生前から東国への出兵は免除されていると（会津征討の従軍拒否を）押し切ったという話を記している（『杉山悦郎氏所蔵文書』）。もとより、輝元は吉川広家、秀家は宇喜多詮家を名代として従軍させているので、彼ら自身が会津征討に従軍する必要はない。秀家の行動は、挙兵を目的としたものと考えていいだろう。

七月七日に豪姫が執り行った湯立において、北政所から名代が派遣されている点は重要である。七月二十三日に秀家が豊国社に参詣した同日には北政所からの指示で祈禱が行われている（『舜旧記』）。秀家・豪姫夫妻は、共に秀吉の猶子《ゆうし》・養女であり、豊臣家との結びつきが強い。おそらく、秀家・豪姫夫妻からの説得によって、北政所は七月七日頃には西軍に同調していたと思われる。また、北政所の名代を務めた東殿は、大谷吉継の母親であることから、吉継の西軍参画が七月七日以前である可能性は高い。

大谷吉継、小西行長、島津義弘の三名は、対徳川闘争の積極性はあるものの、首謀者だったかというと、その可能性は低い。それに対して、輝元と秀家は挙兵の直前まで領国に在国しており、覚悟をもって上洛している。三成を挙兵へと誘《いざな》った情勢を覆す力は、輝元と秀家の存在ではないだろうか。

[史料30]で義弘が「輝元、秀家を始め」という書き方をしているように、秀吉が西国のリーダーとして定めた輝元や、同じく西国の大大名である秀家が味方していることを広めることで、西軍は諸将を味方に引き込もうとしていたと考えられる。

『日本諸国記』は安国寺恵瓊を「反内府様同盟の張本人」とし、三成は「もっとも重罪で、同盟の張本人」としており、捕縛された三成、行長、恵瓊の三名が街路を引き回される順番は、罪の重さによって三成、恵瓊、行長の順になったという。三成が挙兵計画に大きく関わっていたことは間違いない。しかし、真田昌幸や上杉景勝といった親しい面々に事前に計画を伝えることなく、挙兵後に協力を求めていることから、三成が単独で計画を発案、始動させたとは考え難い。一人の味方もいない上、失脚していた三成が、消極的な毛利輝元と宇喜多秀家を対徳川闘争へ引きずり込んだという構図は不自然であり、むしろ、輝元と秀家の側に積極性があったと考えたほうが自然である。[史料28]で三成が昌幸に対して述べたように、少数での決起は考えておらず、輝元、秀家という情勢を覆す力が伴って初めて挙兵計画は始動したのである。

四 「内府ちかひの条々」から見る西軍の目的

慶長五年七月十七日、毛利秀元《ひでもと》が家康の居所となっていた大坂城西之丸を占拠(『義演准后日記』)。同日付けで三奉行の檄文《げきぶん》が発せられ、そこに家康の罪状を十三ヶ条に亘《わた》って書き連ねた「内府ちかひの条々」が副えられた。これらには西軍の政治的な主張が述べられており、西軍の目的を探る上で重要な史料といえるだろう。それぞれ内容は次の通りである。なお、「内府ちかひの条々」は奉行衆が出したものであるため、文中の「奉行」は大老を、「年寄」は奉行を指している。

［史料35］

確実を期して申し入れます。このたび、景勝《(上杉)》を征討しに向かったことは、内府公《(家康)》が上巻之誓紙や、太閤様の御置目《おきめ》に背いて、秀頼様を見捨てられての出馬なので、皆で相談して（家康と）戦うことになりました。内府公が背いた条々は別紙を参照してください。この旨に同意し、太閤様の御恩賞をお忘れでないなら、秀頼様に御忠節を尽くされるべきです。恐惶謹言。

［史料36］

内府ちかひの条々

一、①五人の奉行《(大老)》と五人の年寄《(奉行)》が、上巻之誓紙に連署してから、いくばくも経たない内に年寄《(奉行)》の内、二人を追い籠めたこと。

一、②五人の奉行《(大老)》の内、羽柴肥前守《(前田利長)》事、あらかじめ誓紙を提出して、身上はすでに果てているにもかかわらず、景勝を討ち果たすために人質を取り、追い籠めたこと。

一、③景勝は何の咎《とが》もないのに、誓紙の誓約を破り、また、太閤様の御置目に背いて、このたび討ち果たすことは嘆かわしく思い、種々様々の理《ことわり》を述べたが、ついに許容なく出馬したこと。

一、④知行のことは、自分が受け取ることは申すに及ばず、取次も行ってはならないが、これもまた上巻之誓紙の誓約を破って、忠節も無い者共に与えたこと。

一⑤、伏見城から太閤様が命じられた留守居の者たちを追い出して、私兵を入れたこと。

一⑥、十人《（五大老・五奉行）》以外の者と誓紙を交わしてはならないことは、上巻誓紙で誓約しているにもかかわらず、数多やり取りをしたこと。

一⑦、政所様《（北政所）》の御座所《（大坂城西之丸）》に居住していること。

一⑧、（大坂城西之丸に）本丸と同様の天守を建てたこと。

一⑨、諸将の妻子を、贔屓《ひいき》を行って国許へ返したこと。

一⑩、縁組のこと。御法度に背いていたので、皆で理を述べて同意に至ったにもかかわらず、なおも縁組を行い、その数は知れないこと。

一⑪、若い衆を煽動して、徒党を立てさせたこと。

一⑫、御奉行《（大老）》五人の文書を、一人の判形で処理したこと。

一⑬、内縁だからと便宜を図って、石清水八幡宮《いわしみずはちまんぐう》領の検地を免除したこと。

右の内容は、誓紙の誓約を少しも守っておらず、太閤様の御置目に背いており、何を頼みにすればよいのでしょうか。このように一人ずつ（家康によって）果たされてしまっては、秀頼様御一人を盛り立てることは本当に成り立たなくなってしまいます。

檄文では、皆で相談してという表現が用いられているが、［史料30］でも相談という表現が用いられているように、西軍側は皆で話し合って決めた豊臣政権の総意であるということをアピールしている。家康の独裁を意識し、対極をなす総意の概念を前面に出したのだろう。

檄文と「内府ちかひの条々」共に、「上巻之誓紙」という文言が見られるが、慶長三年八月五日と九月三日の誓紙はいずれも上巻之誓紙であり、何を指しているのかわかりづらい。これは、五大老と五奉行が交わした誓約の総体と捉えるのがいいだろう。例えば、「内府ちかひの条々」六条目にある十名以外の者との誓紙のやり取りの禁止は、慶長三年九月三日付け五大老・五奉行連判誓紙にしか見られない項目である。しかし、同じく四条目の大名領知の現状維持は、五大老・五奉行連判誓紙には見られず、慶長三年八月五日付けで家康と利家が五奉行に提出した誓紙にある項目である。

「内府ちかひの条々」の内容を整理すると、一条目から三条目までは、家康が五大老・五奉行のメンバーを排斥したことに非を鳴らしたものである。この冒頭の三ヶ条こそが最も大きい挙兵の動機ではないだろうか。毛利輝元が青木《あおき》一矩《かずのり》（越前北ノ庄城主）に対して協力を求めた七月二十七日付けの書状では「殊更、奉行《（大老）》と年寄《（奉行）》が一人ずつ果ててしまっては、どうして秀頼様を盛り立てることができるだろうか」と述べられており、「内府ちかひの条々」の最後の文とも重なっている。五大老・五奉行のメンバーを排斥していく家康の動きに対して、強い危機感を抱いていたことがわかる。

『吉川家文書』には、吉川広家が東軍と密約を結んだことについて輝元への弁明を記した草案が残されており、安国寺恵瓊は広家に対して、挙兵に至った経緯を次のように語ったと記している。

［史料37］

内府様《(家康)》は会津への出馬を決定しました。このたび景勝《(上杉)》が上洛を延引したことは、太閤様の御諚《ごじょう》によって領国の仕置を申し付けられ、三年は役儀を免除されているので、このようになっています。その身《(景勝)》に手落ちがあったわけではないので、初めに和睦の話をすべきではないかと、皆でたびたび言上してきましたが、御承引なく、このたび御出馬を決められました。彼表《(会津)》が果てるまで（征討が）行われます。このようになったので、諸大名の進退はさらに安堵できないことになりました。今後のことは、秀頼様の御為に如何あるべきでしょうか。会津が堅固な内に、皆で申し合わせて戦うべきであると、佐和山において石治《(石田三成)》、大刑《(大谷吉継)》が話し合い、増右《(増田長盛)》、そのほかの者も同意しました。

もっとも、この草案には文中に「去七月」「去年の御和平」という文言が見られ、本戦の翌年（慶長六年）に書いた体裁をとってはいるが、所々に「大御所様」の文言が混じっている。それゆえ慶長十年（一六〇五）以降の作成であることは間違いなく、広家が政治的思惑をもって慶長六年に書いたように偽装したものである。

こうした広家という無茶苦茶な人物によって作られた史料ではあるが、広家が恵瓊の言動を美化する理由はない。恵瓊が広家に語った内容は大方この通りだったのではないだろうか。家康の政敵排斥に対して、諸将は危機感を抱いていた。特に輝元と秀家の危機感は強かったと思われ、二人を挙兵に向かわせた大きな要因になったと考えられる。

「内府ちかひの条々」の四条目以降は、家康が独裁権力下で行った施策に対する非難が主となる。四条目の「忠節も無い者共」とは、細川忠興《ほそかわただおき》と森忠政《もりただまさ》であり、慶長五年二月一日の森忠政に対する信州川中島《かわなかじま》（長野市）への加増転封、二月七日の細川忠興に対する豊後杵築《きつき》（大分県杵築市）の加増を指している。

知行に関する書状は大老衆の連署の形がとられていたが、森忠政への知行宛行状は家康一人で発給している（『森家先代実録』）。大老衆の連署という形が消滅したわけではなく、同年四月にも大老衆（家康・輝元・秀家）連署の知行安堵状が見られるため、この二月の知行宛行が家康の独断で行われた異例のことなのである。「内府ちかひの条々」十二条目は主としてこのことを指していよう。また、細川忠興の豊後杵築の加増に対する家康の知行宛行状は確認できないが、三奉行が発給した知行方目録に家康の意向によるものであることが示されている（『松井文庫所蔵文書』）。

三成は、八月六日付けで真田昌幸に宛てた書状（『長国寺殿御事蹟稿《ちょうこくじどのごじせきこう》』）で細川忠興と森忠政の加増について「御若輩の秀頼様を掠《かす》め申し」と非難し、昌幸に対して森忠政の川中島を制圧するよう指示している。また、七月三十日付けの書状では、細川忠興は家康を徒党の大将にし、国を乱れさせた張本人なので丹後（京都府北部）へ出兵したと述べている（『真田家文書』）。これらのことから、西軍側は不当に知行を得た細川忠興と森忠政を家康と同様に征討の対象としていたことがわかる。

五条目および十一条目は、慶長四年閏三月の三成が失脚に至った騒動について述べている。三成の制裁（切腹）を訴えた加藤清正ら七将は、家康の統制下にあった。十一条目は主にこれを指していると思われる。また、伏見城の留守居は前田玄以・長束正家と残りの奉行衆の中から一人の計三名と定められていたが、騒動のあと、家康は伏見城に入城しており、五条目はこれを指している。

六条目と七条目は、慶長四年九月の出来事を指している。家康は暗殺計画の風聞を口実にして大坂城に居座り、「遺言体制」の変革に着手した。家康は諸将に忠誠を誓わせ、九月十八日付けで宮部長《みやべなが》熙《ひろ》（因幡鳥取城主）が徳川氏に誓紙を提出している（『早稲田大学図書館所蔵文書』）。九月二十六日には北政所が大坂城西之丸を退去し（『義演准后日記』）、その後、家康は大坂城西之丸を居所とした。そして八条目にある通り、慶長五年二、三月頃から、藤堂高虎《とうどうたかとら》を普請奉行として西之丸の天守建設に着手している（『板坂卜斎覚書』）。

九条目は、浅井江《あざいごう》（徳川秀忠の正室）や小松殿《こまつどの》（真田信幸《のぶゆき》の正室）といった徳川氏にとって重要な女性たちを関東へ下したことを指していよう。

十条目は、慶長四年正月の私婚問題で糾弾されたにもかかわらず、利家の死や三成の失脚によって政局が有利になると、福島正則、蜂須賀家政、加藤清正、黒田長政《ながまさ》と次々に縁組を行ったことを非難している。

十三条目は、家康の側室お亀の方（相応院）が石清水八幡宮の田中家の分家（志水《しみず》氏）出身だったことから、検地を免除したことを非難したものである。

このように「内府ちかひの条々」に書かれた条文は、五大老・五奉行のメンバーの排斥と、家康が独裁権力下で行った施策の大きく二つに大別される。西軍側が家康の独断によって知行を拝領した細川忠興と森忠政を征討の対象としたことや、権力闘争で奉行職を失った三成が慶長五年八月一日には奉行職に復帰して連署に加わっている（『廊坊篤氏所蔵文書』）ことから、西軍のスローガンは「内府ちかひの条々」で指摘した家康の行為の否定、つまり、家康に排斥された五大老・五奉行の構成員の復権による「遺言体制」の立て直しと、家康の独裁権力下で行われた施策の白紙化にあったと考えられる。

大谷吉継が七月三十日付けで真田昌幸・信繁父子に宛てた書状（『真田家文書』）には、「内府（家康）の去々年（慶長三年）以来の御仕置（統治）は、太閤様が御定めになったことに背いており、（このままでは）秀頼様が成り立つことが難しいので、年寄衆（奉行）、輝元（毛利）、備前中納言殿（宇喜多秀家）、嶋津（義弘）、そのほか関西の諸侍が一統をもって御仕置を改められた」とあり、これまで家康が行ってきた施策を「御仕置改め」として白紙化しようとしていたことが、史料から確認できる。

五　西軍の挙兵に対する家康の反応

家康が西軍挙兵の報に接したのは何時《いつ》だろうか。『板坂卜斎覚書』によると、増田長盛が石田三成と大谷吉継の不穏な動きを伝えた書状（［史料33］）が七月十九日申の刻に永井直勝のもとへ到着したという。しかし、前述のように［史料33］の真偽は疑わしい。そこで、ほかの史料を見ると、七月二十日付けで徳川家臣の加藤成之《かとうなりゆき》が美濃黒野《くろの》（岐阜市）の加藤貞泰《かとうさだやす》に宛てた書状（『大洲加藤文書坤』）に「そちらで雑説が飛び交っているため、出陣を延引されたとの旨、こちらに届きました」とあるので、二十日には徳川方は挙兵に関する風聞に接していたといえる。

七月二十一日付けで細川忠興が杵築城代の松井康之らへ宛てた書状には、「石治部《（石田三成）》・輝元《（毛利）》申し談じ、色立《（敵対）》ち候由、上方より内府《（家康）》へ追々御注進候」とある（『松井文庫所蔵文書』）。『細川忠興軍功記』によると、忠興は東海道ではなく、東山道《とうさんどう》を進んでおり、美濃国（岐阜県）・信濃国（長野県）を経由し、徳川領国である上野国（群馬県）を経由して下野国（栃木県）へ入っている。江戸を経由していないことから、家康に注進がもたらされたという情報を忠興は時間を置いて知ったことになる。したがって、実際に家康のもとに注進が届いたのは、二十一日以前となる。家康は二十一日以前の段階で、輝元が西軍に関与していることを把握したことになるが、毛利氏による大坂城占領は十七日のことであり、後述するように同じく十七日付けで出された「内府ちかひの条々」の存在を家康が二十九日頃に把握しているところから判断すると、輝元の関与については噂のレベルと捉えるのが妥当である。

大坂にいた蜂須賀家政が、七月十六日付けで毛利家臣の堅田元慶《かただもとよし》に宛てた書状（『毛利家文書』）には、「両人（石田三成・大谷吉継）に（毛利輝元が）御同意されたとのこと、初めは雑説と思い、不実《ふじつ》としておりましたが、安国寺（恵瓊）より承りました旨は、このたび東国へ送る兵を差し止められたとのこと、御言葉を聞いて驚いています」とあることから、輝元が関与しているということは、十六日の段階ですでに風聞として広まっていた。そして、家政は、初めは輝元の関与を信じていなかったとしていることから、家政が最初に風聞に接してから書状を出すまでには時間差があり、風聞が広まったのは十六日以前といえる。上方と江戸の距離を踏まえると、家康にもたらされた注進というのは、家政が信じていなかったとしたレベルの噂と考えられる。

風聞だったためか、この時期の家康は事態を楽観的に捉えているように感じられる。依然として会津征討は予定通りに進行し、忠興書状の日付と同じ二十一日に家康は会津へ向けて江戸を発っている。しかし、二十三日には情報が具体的になってきたのだろう。家康は七月二十三日付けで最上義光に書状を送って会津侵攻を制止している（『譜牒余録』）。

［史料38］

確実を期して申し入れます。治部少輔《石田三成》、刑部少輔《大谷吉継》が才覚をもって、方々へ触状《ふれじょう》を送っているため、雑説が飛び交っております。御働《会津侵攻》のことは、これから先は御無用です。こちらから再度、事情をお伝えします。大坂のことは、仕置《対処》を手堅く申し付けており、こちら《家康》と（三奉行は）一所です。三奉行から届いた書状を御覧いただくため（写しを）副えます。恐々謹言。

おそらく、家康は会津征討を続行すべきか否かを七月二十三日の段階で思案し始めたと考えられる。家康が挙兵を三成・吉継によるものと考えていたのは、前述の蜂須賀家政書状に「今度、石治、大刑逆意」とあるように、大坂にいる者たちも三成・吉継と考えており、その情報が関東に流れたためだろう。なぜ、三成と吉継が周囲に注目されていたのかという点については、［史料38］の情報によると二人が諸将の説得工作を行っていたからとなる。

二十三日の時点での家康の認識は、三成・吉継の反乱であり、輝元には注目していない。また、三奉行を味方と思い込んでいるゆえか、大坂城が占拠されている事態は全く予想だにしていない。一見、外様の勢力に対する虚勢ともとれるが、二十九日頃に三奉行の離反を知った家康は、同日付けで最上義光にこの事態を伝えている（『譜牒余録』）ことから、不利な情報を伏せているのではなく、当時の家康の認識がそのまま記されていると見ていいだろう。上方の動静を報じてきた山崎家盛《やまざきいえもり》と宮城豊盛《みやぎとよもり》に対して家康は二十三日付けで返書を出している（『譜牒余録』）ため、上方の諸将から次々と情報が寄せられていたこともあり、上方の諸将は依然として自分を支持していると、家康が考えていたことが背景にあったと思われる。

第三章で見てきたように、家康の方針は大老衆一人ひとりを豊臣公儀から孤立させ、排斥していくものであり、輝元と秀家が上方で挙兵し、三人同時に相手をすることなどは想定していなかった。通説では、家康は三成の挙兵を誘うために会津征討を行ったとされるが、そのメリットは三成が輝元と秀家を味方にして、それを家康が一網打尽にするところにある。しかし、輝元と秀家が挙兵することを想定していない家康に、失脚した三成を倒すメリットはない。この点からも通説は否定され、会津征討はあくまで上杉景勝の排斥を目的とした政争だったといえるのである。

二十三日の時点での家康の認識は、三成・吉継の反乱だったが、最上義光の会津侵攻を制止したように二十三日が一つの転換点となったことも事実であり、七月二十六日付け小出秀政《こいでひでまさ》（和泉岸和田《きしわだ》城主）宛て徳川家康書状に「今日廿六日、先手《さきて》の衆、上《のぼ》り申し候」とある（『脇坂文書』）ように、会津征討を中断して福島正則らを上方の鎮圧へと向かわせるのである。

福島正則らが西上を開始したことにより、東軍の方針は定まったかに見えたが、三日後に家康はさらなる対応に迫られることとなる。七月二十九日付けで家康は黒田長政に次の書状を出している（『黒田家文書』）。

［史料39］

先日、（長政が）御上《のぼ》りになって以後、大坂奉行衆《（三奉行）》が背いたとの情報が届きました。再度、相談したいところですが、御上りになられているので、そうはいきません。委細は羽三左《（池田輝政）》に言い渡しましたので、十分に相談してください。なお（詳細は）山本新五左衛門《（重成）》と犬塚平右衛門《（忠次）》が申します。恐々謹言。

ここに至ってようやく、家康は三奉行が西軍に加担していたことを把握するのである。三奉行の離反を知った家康は、さらなる対応を迫られ、池田輝政《いけだてるまさ》を通して西上する豊臣系大名に対して事態に備えるよう伝えたのである。同様の書状が田中吉政にも出されており（『戸田家文書』）、両者に限らず、東海道を西上するほかの豊臣系大名にも出されたと思われる。

前述の通り、噂のレベルではあったものの、二十一日の時点で輝元が西軍に関与しているという情報が入っていた。黒田長政を通じて吉川広家から「輝元は西軍に関与していない」と釈明された家康は、八月八日付け黒田長政宛ての書状（『吉川家文書』）で「吉川殿よりの書状を詳しく披見《ひけん》しました。申し入れの趣、一つ一つ理解いたしました。輝元とは兄弟のごとく付き合っておりましたので、不審に思っておりましたが、（挙兵の件は）関与していないと承り、満足いたしました」と述べているので、それ以前の段階で輝元の関与は、家康や会津征討に従軍した諸将のところに確かな情報として入っていたということである。

輝元の関与は、西軍が多数派工作のために故意に流した情報であるため、風聞の域を出て確かな情報となるのに時間がかかるとは思えない。七月十六日には蜂須賀家政が恵瓊から輝元の関与を聞かされていることから、十七日付けで出された「内府ちかひの条々」よりも早く確かな情報として伝わっているはずである。二十六日に豊臣系大名を西上させた時には輝元の関与も正確な情報として把握していたと思われ、少なくとも風聞としては情報が届いていることから、輝元が西軍に関わっていることも想定して豊臣系大名を西上させたと考えなくてはならない。当然、輝元が関わっているとなれば豊臣秀頼を推戴され、上方を占拠されることも想定できたはずである。にもかかわらず、三奉行の離反によってさらなる対応を迫られたことは、三奉行が、家康にとっては輝元よりも都合の悪い相手であり、事態がより深刻化したことを物語っている。

第一章で見てきたように、直臣で構成されている奉行衆は、いわば豊臣家の家老であり、豊臣秀頼の意思を代弁する立場にあった。慶長四年閏三月に三成陣営が崩壊して以降、三奉行は家康の執政に協力的であり、また家康も三奉行を信頼しており、小山《おやま》評定《ひょうじょう》と同日にあたる七月二十五日付けで長束正家に西上する軍勢のための兵粮米《ひょうろうまい》の準備を命じている（『光明寺文書』）。

三奉行の存在は、家康権力の正当性を裏づけていた。その証左として［史料38］（七月二十三日付け）では、三奉行からの書状を副えて三奉行との繋がりをアピールしている。三奉行の離反は、家康の正当性の剝奪を意味し、その点が軍事力の問題にとどまる輝元とは異なり、家康の危機感をさらに煽ったのである。

六　西軍は「公儀」だったのか

豊臣秀頼の意思を代弁する三奉行が西軍に味方したことによって、理論上、三成ら西軍は「公儀」となり、一方の家康は、三奉行が発した檄文と「内府ちかいの条々」によって会津征討の正当性を奪われたことになる。

実際に、八月五日付け真田昌幸・信幸・信繁宛て石田三成書状によると、越後春日山《かすがやま》城主の堀秀治《ほりひではる》の西軍に対する対応は「無二に秀頼様へ御奉公申すべき旨、申し越し候」と、秀頼に対して忠誠を誓うというものだった（『真田家文書』）。また、加藤清正も「越中殿（細川忠興）御身上の義、秀頼様より曲事《くせごと》に思し召され候由にて、丹後国へ隣国衆を差し遣わし、城請け取り候へと、奉行衆より申し付けられ候由に候」と、細川忠興が秀頼の命令で所領を没収された旨を細川家臣の松井康之と有吉立行《ありよしたつゆき》に報じている（『松井文庫所蔵文書』）。西軍の側に三奉行が味方し、豊臣秀頼を推戴したことは、諸将にとって軽率に扱うことのできない問題だった。そのため、西軍を「公儀」とする研究も存在する（白峰二〇一六）。

三成が奉行職に復帰しているように、西軍が「遺言体制」を立て直して二大老・四奉行による新たな「公儀」を自称するのは自然な流れといえる。しかし、結果は理論通りに運んでいない。西軍が「公儀」を自称したことと、「公儀」として周囲に認められたかは別となる。堀秀治や加藤清正は、西軍の軍門に下ることはなかった。そして、会津征討軍が真田昌幸などのわずかな離脱者にとどまり、解体することなく東軍として西上している点からも、家康は依然として諸大名の支持を失ってはいなかったのである。多くの諸将は、秀頼の命令には従うという立場を表面的に示したものの、西軍への協力は拒絶しているのである。諸将のこうした行為は、西軍が出した秀頼の命令を、家康が再び秀頼の命令として覆す可能性があったからにほかならない。

黒田如水は八月一日付けで吉川広家に対して、家康の西上は必至であるとし、それまでには毛利輝元を対徳川闘争から手を引かせるように促している（『吉川家文書』）ように、家康は西上してクーデターを鎮め、再び秀頼を推戴するものと考えられていた。そして、黒田如水が（本戦の結果を知る前の）九月十六日付けで藤堂高虎に宛てて「加藤主計(清正)、拙者(如水)事は、今度切り取り分、内府(家康)様御取り成しをもって、秀頼様より拝領仕り候様に」と、九州の戦闘において自力で切り取った土地を秀頼から拝領できるよう家康に取り成して欲しいと述べている（『高山公実録《こうざんこうじつろく》』）ように、依然として家康は秀頼の命令を取り成すことができる存在だったのである。

また、三奉行が発した檄文や「内府ちかひの条々」が、諸大名の去就にどれだけ影響を与えたかという疑問もある。豊後岡《おか》（大分県竹田市）の中川秀成《なかがわひでしげ》の事例を見ると、三奉行は七月二十六日付けで秀成に対して「去る十七日、折紙ならびに一書をもって申し入れ候」と、檄文や「内府ちかひの条々」について念押しした上で上洛を促している（『中川家文書』）が、秀成は応じていない。西軍に味方した真田昌幸の動向を見た場合でも、序章で見たように、昌幸が去就を表明したのは檄文を受け取る前のことであり、去就を左右したのは檄文ではなく、三成が真田氏の奏者《そうしゃ》だったところが大きい。

西軍に与同した諸将は、近江国（滋賀県）から西に所領を持つ者が多い。最も大きな要因としては石田正澄が近江国の愛知川《えちがわ》に関を設けて会津征討に従軍するために関東へ下ろうとする諸将を足止めしたことが挙げられる。『勝茂公譜考補』は鍋島勝茂《かつしげ》が西軍に与した背景を次のように記している。

［史料40］

慶長五年七月初旬、勝茂公と毛利豊前守吉政《よしまさ》（勝永《かつなが》）は一緒に、御年十五の藤八郎《とうはちろう》殿（龍造寺《りゅうぞうじ》高《たか》房《ふさ》）も同様に、多久《たく》与兵衛家久《いえひさ》（安順）、須古《すこ》市兵衛信昭《のぶあき》以下を召し連れて大坂を御出陣し、近江の愛知川まで御越しになったが、あれこれと少しの間、御延引したので、早くもその間に（西軍は）石田木工頭《もくのかみ》正澄ほか一万ほどの兵をもって愛知川に関を設け、関東へ向かう衆を一人も通さないので、当家（鍋島家）の軍勢も力及ばず、よろめいていたところに、石田治部少輔（三成）から安国寺（恵瓊）が遣わされ、関東へ向かうのを無理に差し止めた。その上、菊首座と申す僧侶を出して、家康公の御非義を一つ一つ書き立て、国大名・小名を残らず招いて演説したので、大半はその下知に従った。

勝茂の父鍋島直茂は、家康の私婚問題の時には黒田長政らと共に徳川邸に馳せ参じており（『黒田長政記』）、また、関ヶ原の役においても黒田如水と通じていた（『川崎氏所蔵文書』）ように、鍋島氏は親徳川の立場にあった。本戦後、家康が直茂の忠節を考慮して勝茂を許している点からも、それを窺うことができる（『勝茂公譜考補』）。また、勝茂と行動を共にしている毛利吉政の父吉成《よしなり》と直茂は、加藤清正、黒田長政と共に朝鮮からの撤退問題で小西行長ら吏僚衆から糾弾を受けている。これらの要素から勝茂が望んで西軍に与したとは考え難く、こうした親徳川の者でさえ流れに従うしかなったということだろう。

このような上方の情勢を義演は、『義演准后日記』七月二十日条で「伏見御城へ、秀頼様衆押し寄せ、戦《いくさ》これあり」と、西軍を「秀頼様衆」と認識し、伏見城は「内府衆留守居」としている。『日本諸国記』（「史料29」）が「内府様を政治から放逐した」と表現したように、上方では勢力が塗り変えられ、家康の豊臣政権内の立場は否定された。家康の施策である会津征討も否定されたため、会津征討のために関東へ下ることが困難になったということである。

蜂須賀家政は、慶長四年閏三月に三成を失脚へと追い込んだ七将の一人であり、また、嫡男の至鎮《よししげ》（豊雄）に家康の養女（小笠原秀政《おがさわらひでまさ》の娘）を娶らせて縁組も行った。安国寺恵瓊から毛利輝元が決起に加わっていると聞かされた時は、堅田元慶に輝元を思いとどまらせるよう要請したほどだったが、家政でさえも、領地返上、高野山《こうやさん》へ退去という手段をとって西軍への協力を拒絶したのが最大限の抵抗だった。

西軍によって武力制圧された上方に位置している公家衆は、西軍を「秀頼様衆」と評したものの、「内府ちかひの条々」による家康の放逐が、家康の失脚に結びつくとは考えていなかったようである。『言経卿記《ときつねきょうき》』九月二十七日条は、本戦に勝利して大坂城に入った家康について「内府《(家康)》大坂へ御出也云々、秀頼卿和睦也云々」と、秀頼と和睦したとしている。

二十年にも満たない間に、足利義昭《あしかがよしあき》から織田信長、豊臣秀吉へと権力の交代を目の当たりにしてきた経験則と、豊臣秀頼と主従関係を有していない客観的視点から、公家衆は、家康の権力が主君の秀頼と肩を並べつつあることを見抜き、関ヶ原の役で東軍が勝利した場合、家康が豊臣政権という枠から完全に脱却し、新たな公儀となることがわかっていたのであろう。

公家衆ほどではないにせよ、諸大名も、家康の権力が諸侯の枠を超えた別格なものとなっていたことは感じていたはずである。細川忠興は、人質として徳川氏のもとにいる光千代に対して秀忠の供をして出陣するように伝え、もし叶わなければ、夜を徹してでも秀忠より先行して、秀忠の着陣ごとに陣屋を見舞うようにせよとの心構えを説いている（『永青文庫所蔵文書』）。

また、忠興は出陣前に家臣に対して、大坂に残した正室ガラシャ（明智玉）が人質に取られそうな時はガラシャの命を絶つようにと命じていた（『日本諸国記』）。さらに『細川忠興軍功記』によると、小山評定の翌日に忠興は、二男興秋《おきあき》を人質として宇都宮に遣わしたが、すでに光千代を人質に出しているため不要として戻されたという。忠興の奉公すべき対象は豊臣秀頼だったが、実際は家康のほうを向いていたといっていいだろう。忠興は特別な事例だが、実質的に徳川大名となっていた者もいたという点は重要である。

秀吉が歿して以降、たび重なる権力闘争によって家康の権力は伸張を続けていった。そして、関ヶ原の役当時、諸大名が御家の存亡を賭ける選択に直面した時、奉行衆が有する正当性は、家康の実力に抗《あらが》えるものではなかった。西軍に与した諸将の多くは、石田正澄が近江国の愛知川に関を設けたために会津征討に従軍できなかった者たちや、岐阜城主の織田秀信《ひでのぶ》が西軍に味方したために西軍へ与した美濃の領主たちであり、西軍が掲げる「公儀」の秩序を浸透させるには、武力制圧が条件だった。伊勢（三重県）などで領主が西軍に抵抗したことや、九州に在国した諸将の多くが西軍に非協力的だったことを踏まえると、西軍が掲げる「公儀」の秩序は上方から遠ざかるにつれて及ばなくなっていくと考えなくてはならないのである。

補論　小山評定はフィクションなのか

西軍決起の報に接すると、会津征討軍を率いる徳川家康は、従軍していた豊臣系大名を下野国小山《おやま》（栃木県小山市）に集めて軍議を開いた（通説では七月二十五日）。いわゆる小山評定《おやまひょうじょう》である。ここで福島正則《ふくしままさのり》ら臨席した豊臣系大名が一同に家康に味方することを宣言し、東海道に所領を持つ諸将に至っては居城までも提供した。いわば、小山評定は関ヶ原の役の結果を運命づけた軍議といっていいだろう。

しかし、平成二十四年（二〇一二）に白峰旬氏は、いわゆる小山評定は江戸時代の軍記物やその他の編纂史料が作り出した想像の産物であり、後世に誕生した架空の話（つまりフィクション）であって、歴史的事実ではないと唱えた。この小山評定をフィクションとする説は話題を呼んで、ネットニュースにも取り上げられた。

だが、同年に小山評定に肯定的な立場をとる本多隆成氏によって反論が行われ、それに対する白峰氏の反論（白峰二〇一四b）、さらに本多氏の反論（本多二〇一五）と繰り返されて論争へと発展した。この論争には途中から、小山評定に肯定的な立場として笠谷和比古氏（笠谷二〇一六）、藤井讓治氏（藤井二〇一九）、筆者（水野二〇一七b、二〇一九a）も加わっている。しかし論争が起きたことは、主として研究者の間にしか知られておらず、一方、虚構説は世間の関心を集めたため、本書を手にとられている読者の中には、小山評定はフィクションと思っている方も少なからずいるのではないだろうか。

小山評定は、秀吉が歿してから西軍が挙兵するまでを時間軸として設定した本書のテーマからは外れるが、第四章で小山評定という語を用いたこともあり、補論として扱うことにした。

一 会津征討の中止命令は出されていたのか

白峰氏が小山評定を否定するにあたって「〇月〇日に小山で、どの部将が参加して、どのような内容の軍議をおこなったのか、ということを明確に記した一次史料が出てこない限り、小山評定が歴史的事実であると断定することは避けるべきである」という点を強く主張している（白峰二〇一四a）。しかし、議事録を書くことのない当時において、一次史料のみで軍議の日付、参加者、内容を求めることは大変厳しい。

また、白峰氏は、慶長の役における井邑《チョンウプ》の軍議では、取り決めた内容を一つ書きで列記した宇喜多《うきた》秀家《ひでいえ》ら十四名の諸将による連署状（『島津家文書』）があるのに対し、小山評定にはこうした文書が残されていないことが、フィクションであることの傍証となるとする。しかし、この文書は宛所が三成ら四奉行であることからもわかるように秀吉への披露状であり、諸将で取り決めた内容を報告し、承認を求めたものである。小山評定は、総大将である家康の面前で行われているため、取り決め内容を報告する上位権力は存在しない。事例として全く異なっている。

第三章で家康暗殺計画の風聞に端を発した一連の動きについて検討した際に述べたように、史料の伝存は容易ではない点を留意すべきであり、一次史料の不在をもって通説となっている出来事を否定する主張は適切ではない。また、後述するように、七月二十九日付け大関資増《おおせきすけます》宛て浅野幸長《あさのよしなが》書状には、断片的ではあるが小山評定の様子が記されている。したがって、この主張についてはこれ以上言及しない。

小山評定を否定する論拠としては大きく二つが挙げられる。一つは、［史料38］（第四章二〇七頁参照）にあるように七月二十三日の時点で家康が最上義光《もがみよしあき》（出羽山形城主）の会津侵攻を制止していることから、七月二十三日の時点で会津征討の中止命令が下っていたとする説（高橋二〇一四）であり、小山評定における議題の欠如。もう一つは、福島正則宛て徳川家康書状から、福島正則は七月十九日付けの家康書状によって江戸に呼び戻され、江戸から西上したとする主張であり、福島正則の軍議不参加である。

まずは前者から見ていきたい。白峰氏も七月二十三日の時点で会津征討の中止命令が下っていたとする説を支持し、同じく二十三日付けの書状で家康が山崎家盛《やまざきいえもり》と宮城豊盛《みやぎとよもり》に対して近日上洛する旨を伝えている（『譜牒余録《ふちょうよろく》』）点を指摘して、その説を補っている（白峰二〇一四b）。しかし、この点は山崎家盛と宮城豊盛が位置していた場所を考慮すべきである。両名は西軍が蜂起した上方《かみがた》に位置しており、上方の動静を報じてきたのを受けて出された返書である。彼らに対しては方便であっても安心させる必要があり、文言通り近日中に西上すると捉えるべきではないだろう。

また、［史料38］のみで判断すると会津征討の中止命令が下ったように感じられるが、「こちらから再度、事情をお伝えします」とあるように後信を待つよう伝えている。そして、豊臣系大名が西上したあとの七月二十九日付けで義光へ宛てた書状には次のようにある。

［史料41］

確実を期して申し入れます。上方奉行衆一同が（家康と）戦うとの報せが届きましたので、会津（への侵攻）はやめて、まずは上洛いたします。ならびに中納言（徳川秀忠）を残しますので、彼表（会津）の侵攻について相談してください。なお、後音を期します。恐々謹言。

会津侵攻について徳川秀忠《ひでただ》と協議するよう伝えていることから、二十九日の段階でも会津征討は形式上、継続されていたといえる。よって、［史料38］は中止命令ではなく、義光の会津侵攻を一時的に止めたと位置づけるべきである。

また、小山評定が行われている最中、伊達政宗《だてまさむね》（陸奥岩出山《いわでやま》城主）は信夫《しのぶ》口から上杉領の白石《しろいし》城（宮城県白石市）を攻めており、七月二十五日付けで徳川秀忠に白石城攻略を報じている。それに対して秀忠は七月三十日付けの返書で白石城攻略を賞し、政宗が桑折《こおり》（福島県桑折町）へ向かうことを了承している（『伊達家文書』）。制止するどころか、南下を認めているのである。これは、白河《しらかわ》口からの会津侵攻が延引になったとはいえ、形式上、会津征討が継続されていたからにほかならない。

二　福島正則宛て徳川家康書状をめぐって

次に福島正則宛て徳川家康書状を見ていきたい。この書状は、家康が会津征討に従軍中の福島正則に宛てたものである。原文書は見つかっておらず、福島家関係史料や『武徳編年集成《ぶとくへんねんしゅうせい》』に収録された写しが伝わっているのみである。内容は次の通りである。

［史料42］
早々にそこ（正則のいる場所）まで御出陣とのこと、御苦労です。上方のことで雑説がありますので、兵は「上《のぼせ》」（「止」とも）られて、御自身《（正則）》はここ（家康の居るところ）まで御越しいただきたい。委細は、黒田甲斐《（長政）》と徳法印《（徳永寿昌）》が伝えますので詳しくは書きません。恐々謹言。

この書状は、写しによって日付と文言が異なっている。まず日付であるが、福島家関係史料のうち『天正元和年中福島文書』は七月九日付け、『福島家系譜』と『福嶋氏世系之図全』は七月十九日付け、『武徳編年集成』が七月二十四日付けである。文中の文言は「上」と「止」の違いがあり、福島家関係史料はみな「上」であるが、『武徳編年集成』は「止」となっている。

白峰氏は、『福島家系譜』と『福嶋氏世系之図全』の七月十九日説をとって、この書状は福島正則の軍勢を西上させるように家康が正則に対して命じたものであるとし、小山評定に正則が参加するのは不可能とした。また、『武徳編年集成』の七月二十四日説に対しては、著者の木村高敦《きむらたかあつ》（江戸中期の幕臣）が七月二十五日に小山評定が行われて会津征討の中止を決定したかのように見せるため、日付と「被上」の箇所を改竄《かいざん》したとしている（白峰二〇一四a）。

一方で『武徳編年集成』の七月二十四日説をとり、福島正則宛て徳川家康書状を小山評定を裏づける史料と評価する本多隆成氏は、七月十九日説について次のように反論している。福島正則宛て徳川家康書状の趣旨は十九日説の場合は江戸まで、二十四日説の場合は小山まで、正則を呼び戻すところにあり、家康が正則に急遽《きゅうきょ》西上を命じるようなことは記されていない。十九日説の場合、軍勢は「上られ」とするのであるから、正則はこの書状以前にすでに西上を開始していたことになる。徳永寿昌《とくながながまさ》は西上にあたって正則と行動を共にしているのに、十九日説では正則がすでに西上を開始しているにもかかわらず、徳永はこれに同行するどころか正則を呼び戻す役割を担う矛盾に陥っている（本多二〇一九）。

藤井譲治氏は、十九日説と二十四日説どちらが正しいともいえない（結論を出すことはできない）という立場をとるが、次のように述べている。諸将の西上は七月二十六日に始まり、七月二十六日付け小出秀政《こいでひでまさ》宛て徳川家康書状（『脇坂文書』）に「先手《さきて》」（先鋒）の記載があるように、西上の「先手」はこの時に定められたのであり、もし七月十九日の段階で福島正則が西上を開始していたとすれば、正則が「先手」だったはずで、こうした表現はされない。『福島家系譜』と『福嶋氏世系之図全』は、福島家によって作成されたものであり、特段それに改竄を加える必要はないと思われるが、福島家で日付の改竄がなかったとは断言できない。それに対して『武徳編年集成』は徳川家康の顕彰というバイアスがかかった書であり、改竄された可能性がある（藤井二〇一九）。藤井氏は、信憑性では『福島家系譜』と『福嶋氏世系之図全』のほうが高いとしながらも、十九日説を実質的に否定している。なお、『天正元和年中福島文書』の七月九日説は、西軍が挙兵する前のものであるため、いずれの研究者も採用していない。

筆者は、福島正則宛て徳川家康書状を偽文書《ぎもんじょ》であると考えている。藤井氏が十九日説を実質的に否定しているように、本来であれば信憑性が高い福島家関係史料が日付や文言の矛盾を起こしている点もそうであるが、家康と主従関係を有しない黒田長政《くろだながまさ》と徳永寿昌が口上を担う使者に充てられ、家康の居所から正則の陣所まで使番同然の扱いを受けている点に違和感がある。

福島正則宛て徳川家康書状の趣旨は正則を家康の居るところへ呼ぶことであり、家康の家臣で十分に事足りるものである。黒田長政と徳永寿昌でなくてはならない理由があるとするならば、通説でいわれるように家康が正則の去就に不安を感じ、黒田長政が小山評定前夜に正則の説得にあたったというエピソード（『関原軍記大成《せきがはらぐんきたいせい》』）が必要となるが、慶長四年六月三十日に井伊直政《いいなおまさ》が黒田長政に宛てた書状には、黒田長政、福島正則、藤堂高虎《とうどうたかとら》のことを家康が特に親しく思っていると話したとあり（『黒田家文書』）、正則に対する家康の信頼は厚く、関ヶ原の役の最中の八月八日付けで黒田長政に宛てられた本多正純《ほんだまさずみ》条書には、西軍から正則への説得工作に対して、ゆっくりと対応して時間稼ぎをせよと指示が出されている（『黒田家文書』）ように、家康が正則の去就を疑っている様子は見られない。

藤井氏が述べるように、福島家が文書を改竄する必要はないかもしれないが、関ヶ原の役における正則の功績を喧伝《けんでん》する史料として、文書そのものを捏造《ねつぞう》する理由は大いにある。福島家が捏造した文書を木村高敦が『武徳編年集成』に採録するにあたって、日付や文言の矛盾を修正（改竄）したという見方はできないだろうか。福島正則宛て徳川家康書状の内容は疑わしく、福島正則の軍議不参加を示す史料は存在しない。

なお、黒田長政についても軍議不参加とする指摘がある（光成二〇一八）。光成準治氏は、吉川広家《きっかわひろいえ》の家臣である下二介が、国許にいたと考えられる下備後守へ出した八月一日付けの書状（『下家文書』）に「作三こと、東国へ御使と候て御下しなされ候、皆々気遣い仕り候ところに、するか（駿河）のふちう（府中）と申す所まで罷り下り候て、則《すなわち》（そして）ここもと罷り帰り候」とあることから、下作三が広家の密命を帯びて東国への使者として下向し、駿府で目的の人物と出会って八月一日以前に吉川広家のもとへ戻ったとし、その目的の人物は黒田長政であるとする。長政が小山評定のあとに西上した場合、駿府で下作三と会うことは不可能であることから、長政は軍議不参加とした。

しかし、本多隆成氏が指摘するように、黒田長政への使者を務めたのは、服部治兵衛と藤岡市蔵であることが藤岡市蔵覚書（『吉川家譜』）に記されている（本多二〇一二）。

また、下二介書状の記述は「七月十九日に毛利殿様（輝元）、大坂城御入城なられ候、天下の儀、ことごとく御さいはん（才判）なされ候」など、西軍の立場で書かれたものである。広家は、七月二十三日には黒田氏に内通の動きを始めていたが、家臣たちには明確に対徳川の立場を示していたように、内通は家臣の中でも限られた者しか知らない極秘の行動だった（水野二〇一九d）。つまり、仮に下作三が密命を帯びていたならば、下二介書状のように、国許へ出される書状に包み隠さず書かれるとは思えない。下作三が東国へ使者として下向したのは確かと思われるが、その任務は西軍としての立場で与えられたものと思われる。よって、黒田長政についても軍議不参加を示す史料は存在しない。

三　小山評定の実在を示す史料

七月二十九日付け大関資増宛て浅野幸長書状（『大関家文書』）は、会津征討に従軍して下野国にいた浅野幸長が下野黒羽《くろばね》（栃木県大田原市）の大関資増に宛てたものであり、内容は次の通りである。

［史料43］

確実を期して飛脚をもって申し入れます。上方のことについて「各被申談仕置に付」、会津表への侵攻は延引となりました。上方のことについては、さらに情報を把握した上で、詳細をお伝えになると内府様《(家康)》はおっしゃっていました。私はこの間、宇都宮（栃木県宇都宮市）から結城《ゆうき》（茨城県結城市）まで来ております。駿河より西（に所領をもつ大名）の軍勢はいずれも領国へ御返しになりました。なお、重要なことがありましたら、また申し入れます。恐々謹言。
（追而書《おってがき》）去る二十三日の御書状、恐縮です。その時は小山に参っておりましたので、返事は申し入れませんでした。以上。

小山評定の実在を示す史料であるが、白峰氏はそうではないと主張している。その理由は、鍵括弧で囲った「各被申談仕置に付」の箇所である。白峰氏は「各自（＝諸将）が仕置を相談したので」と解釈し、この文の主語は「各」（＝諸将）であり、家康が主語であれば「各被申談」の前に「内府様」と明記されるはずであるとする。白峰氏は話し合いの場に家康の姿はなく、浅野幸長書状は小山評定を裏づける史料ではないとしている。

一方、小山評定に肯定的な立場の解釈は、研究者によって細かな違いはあるものの、おおむね「家康が諸将に申し談ぜられ、その仕置（対処）として」となり、家康を外して仕置を諸将だけで申し談ずることは想定し難いとする。

確かに史料を素直に読むと、白峰氏が指摘するように「諸将が仕置を相談したので」となる。しかし、話し合いの場に家康の姿があったか否かという点においては、「各被申談仕置に付」の解釈はさほど重要ではない。文中にあるように浅野幸長の陣所は宇都宮あたりにあった。しかし、太閤資増に返事を出していない理由として、小山へ赴いていたためと述べていることから、幸長は書状が届いた場所（幸長の陣所）から離れて、話し合いのために小山へ赴いたこととなる。このほか、細川忠興《ほそかわただおき》や森忠政《もりただまさ》も宇都宮に着陣していた（『松井文庫所蔵文書』『森家先代実録』）。諸将だけの談合であれば、宇都宮で行えばよいのであり、わざわざ小山へ赴く必要はない。諸将が小山へ赴いたのは、家康が未だ宇都宮に到達していなかったからにほかならず、宇都宮に集結した諸将を小山へ動かす権力を有しているのも家康しかいない。また、「各被申談仕置に付」についても「(家康の御前で)諸将が議論を行い(家康の裁決により)対処として」あるいは「(家康の御前で)諸将が対処を議論したため(家康の裁決によって)」という解釈もできる。浅野幸長書状は小山評定の実在を示す史料なのである。

このほか、笠谷和比古氏は、[史料39](第四章二〇九頁参照)で家康が再度相談したいと述べていることから、七月二十九日以前に話し合い(軍議)があった点を指摘している(笠谷二〇一六)。

四 宇都宮在陣説をめぐって

その後、白峰氏は宇都宮在陣説を提唱し、物事は宇都宮で動いており、小山評定は開かれていないとした(白峰二〇一七)。主な主張は、浅野幸長、細川忠興、森忠政が宇都宮に着陣していたことが確認できることから、諸将は宇都宮に集結して宇都宮から反転西上したとする点と、八月二日付け伊達政宗宛て徳川家康覚書(『伊達家文書』)に「中納言《秀忠》、この地に差し置き候条、万事御相談あるべき事」とあり、文中の「この地」が秀忠のいる宇都宮を指すことから、家康は小山から江戸へ引き返したのではなく、北上して宇都宮に入ったとする点の二つである。

まず、前者については、[史料43]から七月二十三日付けで大関資増が出した書状は、宇都宮あたりに布陣する浅野幸長の陣所に届けられたが、その時の幸長は小山に赴いていたことがわかる。『板《いた》坂卜斎覚書《さかぼくさいおぼえがき》』は、諸将が小山に参じた様子を「大将衆の福島左衛門大夫《(正則)》、羽柴三左衛門《(池田輝政)》、浅野左京大夫《(幸長)》、この衆も馬に乗り、持槍を一本、挟箱《はさみばこ》を一つ二つ、歩行《かち》の従者を十人ほど、馬印一つで参上しておりました」としているが、実際もこのように、諸将はわずかな供のみを連れて陣所を離れ、小山に馳せ参じたのだろう。諸将は予定通りに宇都宮に着陣したが、家康は未だ宇都宮に到達していなかったため、急遽、軍議を開くにあたって家康は諸将を小山に召集した。そのほうが、家康が大軍を連れて宇都宮を目指すよりも早く、一堂に会することができる。したがって、諸将が宇都宮に着陣していたことは小山評定を否定する材料にはならない。

後者については、宛所が信夫口から会津へ侵攻する政宗であることを踏まえれば、「この地」を宇都宮と局地的に絞るのではなく、白河口方面や下野国とすべきである。八月二日付け森忠政宛て書状（『森家先代実録』）にも「ここもとには中納言《(秀忠)》差し置き」とあるが、秀忠が七月二十五日付けで森忠政へ宛てた書状（『森家先代実録』）に「このたびは御越しのところ、早々御帰り、残念次第に候」とあるので、真田昌幸《さなだまさゆき》（信濃上田城主）に備えるため、早々に信濃川中島《かわなかじま》（長野市）へ帰還したと考えられる。同様に「ここもと」は白河口方面や下野国と見ていいだろう。

また、白峰氏は、徳川方の本営（宇都宮）でもない小山に家康が十一日間もとどまり、宇都宮へ行かずに江戸へ引き返したと考えるには無理があるとするが、八月五日付け直江兼続《なおえかねつぐ》書状（『萬葉荘文庫所蔵文書』）には「白川表より内々注進、内府《（家康）》いまた《（未だ）》小山在陣の由に候の条」とあり、家康が複数日、小山に滞在していたことは間違いない。

八月二十五日付け二大老・四奉行宛て上杉景勝《うえすぎかげかつ》書状は「内府《（家康）》は今月四日に小山より江戸へ打ち入り候」と、八月四日までの小山滞在と江戸への帰還を報じている（『真田家文書』）。家康は八月七日付け伊達政宗宛て書状（『伊達家文書』）で「一昨日五日、江戸帰城いたし候」と、五日に江戸へ帰還したと述べているので、上杉景勝書状の情報に大きな誤差があるとは思えない。また、軍を西上させることに決めた家康が、大軍を北進させる理由はない。よって、宇都宮在陣説は否定される。

五　小山評定では何が協議されたのか

小山評定が実在したことは疑いない。では、小山評定では具体的に何が話し合われたのだろうか。まず、［史料43］からは白河口からの会津侵攻の延引と、西上が決定している。最も重要な議題だったといえよう。

次に挙げる史料は、東軍に与したにもかかわらず改易の憂《う》き目に遭った宮部長熙《みやべながひろ》（因幡鳥取城主）が寛永十年（一六三三）八月二十七日付けで自身が改易された経緯を記した書上《かきあげ》（『早稲田大学図書館所蔵文書』）の第二条と第三条である。

［史料44］

一、②相国様《（秀忠）》は宇津宮にいらっしゃるとのことでしたので、伺候《しこう》申し上げようと、小山から中ほどまで進んだところに、上方において石田治部少《（三成）》が逆心したため、いずれも諸大名は小山へ参るようにとの御触《おふれ》が出ましたので、拙者《（長煕）》式も宇津宮へ伺候に赴くことはせずに、それゆえ小山へ罷り帰りましたこと。

一、③小山にて権現様《（家康）》が御話になったのは、石田治部少が逆心したため、上方の大名は御先手を務めるようにとの御意にて、それぞれに組を仰せ付けられ、先手として（上方に向けて）罷り上りました。拙者《（長煕）》は、初めは藤堂和泉《（高虎）》と一緒の組を仰せつけられましたが、宮部兵部少《（長煕）》は北近江の出身なので、若輩ではあるが家中の者は（近江の）案内ができるだろう。その上、田中兵部大《（吉政）》夫は宮部兵部少の譜代の家臣だったのだから、一緒に罷り上るのがよいと仰せつけられ、小山より直ちに罷り上りました時、拙者《（長煕）》は遠江の浜松（静岡県浜松市）に陣取りました。与力《よりき》の木下備中守《（重堅）》、垣屋隠岐守《（恒総）》、この両人は申し合わせて、私《（長煕）》が申すことにも背いて、大坂へ参上して権現様へ逆心申し上げました。（両人は）三河の吉田《よしだ》（愛知県豊橋市）から舟にて罷り上りましたこと。

第二条には、宮部長熙が小山へ召集された経緯が記されている。そして、第三条からは上方の大名に先鋒が命じられ、いくつかの組に編成されたことがわかる。［史料43］の内容を踏まえると、ここでの上方の大名は、駿河より西に所領を持った大名を指していると考えられる。

組を編成するにあたって、初めに宮部長熙は藤堂高虎と同じ組になっていたが、近江の出身ということから、案内者としての役割を期待されて田中吉政《たなかよしまさ》と組むよう家康に命じられている。このことから、組分けについて話し合いがあったと推測できる。また、この話し合いに宮部長熙が臨席していたことがわかる。

［史料31］のみでは、小山評定が家康と徳川党の諸将による小規模な談合の可能性もあったが、宮部長熙のように徳川党に属さない大名も臨席した大規模な話し合いだったといえるだろう。

小山評定の議事内容で、西上と共に重要なのが、東海道筋の大名による居城の進上である。このことは、先鋒諸将が西上を開始した翌日にあたる七月二十七日付け秋田実季《あきたさねすえ》（出羽湊城主）宛て榊原康《さかきばらやす》政《まさ》書状（『秋田家文書』）に「路次中城々へも番勢を入れ」と見えることから、小山評定で決した可能性が高い。

上杉家臣の来次氏秀《きすぎうじひで》は大坂からの情報として、家康が会津出征前に三成と福島正則に対して、佐和《さわ》山《やま》城（滋賀県彦根市）と清須《きよす》城（愛知県清須市）の借用を要請したが拒絶されたという話を記している（『杉山悦郎氏所蔵文書』）。真偽は定かではないが、家康に城を差し出す必要はないという認識が人々の間にあったという点は重要であり、実際に家康が会津征討に向けて東海道を通った際、諸将は家康を饗応したものの、城を宿所として提供していない。このような風聞が会津出征前に上がり、また、家康を取り巻く情勢が会津出征前よりも悪化した状況で、家康側から居城を進上するように要請したとは考え難く、定説通り豊臣系大名の側から申し出があったとみていいだろう。

なお、七月二十七日付け榊原康政書状には、諸将の人質進上については言及されておらず、八月二日付け伊達政宗宛て徳川家康覚書（『伊達家文書』）に「大坂奉行中、相違につきて、駿州より尾州清須まで、城々人衆を入れ置き、家中人質等まで、堅く仕置《(処置)》申し付くる事」として現れる。小山評定の時に協議されたと考えるのが自然であるが、小山評定のあとに人質進上の話が上がった可能性も考えられる。『細川忠興軍功記』によると、小山評定の翌朝に細川忠興は、二男の興秋《おきあき》を人質として宇都宮に遣わしたが、すでに三男光千代（のちの忠利《ただとし》）を人質に出しているため不要として戻されたという。『細川忠興軍功記』に従うならば、小山評定の時に人質の進上について決められ、翌朝に忠興がその決定を実行に移したものと考えられる。状況から推測すると、居城と同様に人質も豊臣系大名の側から申し出があったとみていいだろう。

小山評定では、白河口からの会津侵攻の延引、西上にあたっての組分け、東海道に位置する城の進上について話し合われ、また、人質の進上についても協議されたと考えられる。では、これらが話し合われた小山評定は何時《いつ》行われたのだろうか。家康は、七月二十五日付けで長束正家《なつかまさいえ》に西上する軍勢のための兵粮米《ひょうろうまい》の準備を命じている（『光明寺文書』）ことから、二十五日には西上を決定していたといえる。

また、七月二十五日付け松井《まつい》興長《おきなが》宛て細川忠隆《ただたか》書状（『松井文庫所蔵文書』）には「明日は大略（およそ）陣かへ《(替え)》候はんよし、心得申し候」とあり、翌日（二十六日）の陣替えを了承している。忠隆は小山評定に参加していなかったと思われ、父忠興から（松井興長書状をもって）西上に決したことを告げられたのである。忠興と忠隆の居所が大きく離れているとは思えず、西上という重大事は同日中に報じられると考えられるため、二十五日に西上という方針が定まった可能性が高い。

しかし、［史料43］で浅野幸長は、大関資増の七月二十三日付け書状を確認していないため、二十四日には小山に入っていたと考えられる。また、白峰氏は江戸時代の軍記物や編纂史料に記されている小山評定の日付を整理し、慶安期（江戸時代前期）から元禄期頃（江戸時代中期）までは七月二十四日説が主であり、時代が下って元文期（江戸時代中期）から幕末にかけては七月二十五日説が主となったと指摘している（白峰二〇一四ａ）。

これらの点について『細川忠興軍功記』に興味深い記述がある。『細川忠興軍功記』によると、十九日に家康が小山に到着したので忠興は家康に謁見するために小山へ赴いたところ、上方の様子について注進がもたらされたため、協議となり、翌二十日に協議は決着したという。むろん二次史料の記述であり、日付が間違っているが、協議が二日間行われたとする点は、前述の問題点との整合性がとれている。

［史料38］（第四章二〇七頁参照）で家康は最上義光の会津侵攻を制止していることから、会津征討を続行すべきか否かを七月二十三日の段階で思案し始めたと考えられる。今後の対応を協議するために、豊臣系大名に小山へ集まるよう使者を派遣したのも同じく二十三日と推測できる。諸将が下野国内の各地に散っていたことを考えると、二十三日に家康のもとを発った使者の口上を受けて、全員が二十四日の決められた刻限に参集するというのは、不可能ではないとしても余裕のない行程となる。まず、幸長ら二十四日に参集した諸将と協議を行い、おおよその方針を定めて、二十五日に新たに到着した諸将を交えて改めて協議した可能性はないだろうか。二十四日に協議があったかはともかく、これまで検討した内容から軍議の内容が定まったのは二十五日と考えていいだろう。

六　小山評定の意義

最後に、小山評定で家康が諸将に去就を問うた際に、福島正則が率先して家康に味方することを表明し、それに伴って臨席した諸将が一同に家康に味方したというエピソードについて考えたい。

このエピソードについては、脚色だったとしても問題はないだろう。遠江掛川《かけがわ》城主の山内一豊《やまうちかずとよ》が居城進上を献策した記載は、『関原始末記』や『石川正西聞見集《いしかわしょうさいぶんけんしゅう》』といった十七世紀中頃の成立史料から確認できるのに対して、福島正則の発言の登場は時代が下ることも理由の一つである。しかし何よりも、本書を通して見てきたように、権力闘争の展開を踏まえると、福島正則や黒田長政らにとって、西軍に味方するという選択肢は皆無に近かったと判断できるからである。

徳川党に属していた福島正則や黒田長政に対して、家康が改めて去就を問うことは愚問であり、家康に味方することを前提として軍議が進行したというのが実態だろう。家康に味方することを前提とした展開だったため、木下重堅《きのしたしげかた》や垣屋恒総《かきやつねふさ》らのように西軍に属することを考えた一部の者たちは、西上の途上で離脱するしか術がなかったのである。

小山評定の意義は、福島正則の発言に伴って諸将が一同に家康に味方したという人心掌握の面ではなく、軍議の内容に求めるべきであり、白河口からの会津侵攻の延引、西上にあたっての組分け、東海道筋の城の進上、人質の進上といった方針が決定し、それが家康と諸将の間で共有されたことにある。

これらの事柄を軍議の場を設けることなしに、書状や使者の口上のみで滞りなく実行に移せるものではない。小山評定は、東軍が西上を開始するにあたって欠かすことのできないものであり、重要なターニングポイントだったといえるのである。

終章　関ヶ原の役の意義とは

豊臣秀吉の遺した「遺言体制」では、知行配当は徳川家康と五奉行の多数決、政務は五奉行の多数決となっており、家康と五奉行は、ほかの大老衆に対して優位性を持っていた。しかし、石田三成ら四奉行は毛利輝元と盟約を結んで派閥を形成するなど、本来であれば最も協力し合わなければならない家康と四奉行の対立によって「遺言体制」は上手く機能しなかった。結果、慶長三年（一五九八）九月三日付け五大老・五奉行連判誓紙において「遺言体制」の改変が行われ、十名の多数決による政権運営が誕生した。そして、秀吉死後の政局は、十名の多数決制を土台とし、その十名の中から政敵を排除していくのが政争の流れとなった。

慶長四年正月の私婚問題の際に家康の隠居が争点となったものの、家康は失脚を免れた。最初に脱落したのは、慶長四年閏三月の騒動で奉行職を追われて政治的影響力を剝奪された三成である。この騒動では、増田長盛も政治的影響力を剝奪される可能性があったが、長盛は難を逃れている。

「内府ちかひの条々」（〔史料36〕。第四章一九八頁）一条目には、五奉行の内「二人を追い籠めた」とあることから、浅野長政も慶長四年九月に起きた家康暗殺計画をめぐる一件によって排斥されていたことがわかる。これについては、『北野社家日記』慶長五年七月十七日条に「大坂城へ御奉行衆が全て籠もったとの情報が届いた」とあることからも、現役として残った奉行が増田長盛・前田玄以・長束正家の三名しかいなかったことが裏づけられる。

一方、五大老においては前田利長が排斥されている。「内府ちかひの条々」二条目には、利長の排斥について「あらかじめ誓紙を提出して、身上はすでに果てているにもかかわらず、景勝を討ち果たすために人質を取り、追い籠めた」とある。身上が「果て」というのは、宮部長熙が寛永十年（一六三三）八月二十七日付けで自身が改易された経緯を記した書上（『早稲田大学図書館所蔵文書』）を「身《しん》上《じょう》相《あい》果《はて》申《もうす》科《とが》之《の》次第《しだい》」と題しているように、改易という意味で使われることが主である。しかし、前田氏は大名として存続しているため、似た意味で別のことを指していよう。また「追い籠め」の文言は一条目とも重なる。おそらく「果て」は政治的立場の失墜、「追い籠め」は政権に関与しないよう領国にとどめられたという意味ではないだろうか。利長が大老職を追われた明確な時期については、おそらく大谷吉治《おおたによしはる》と石田三成の軍勢が越前（福井県）に配置されて迎撃態勢が整えられた時が事実上の政治的影響力剝奪と推測できるが、「内府ちかひの条々」に利長が誓紙を差し出したとあるように、徳川・前田の和睦成立の時に利長が政権中枢に関与しない旨を誓約した可能性もある。いずれにしても、関ヶ原の役の時には、大老職を追われていたことは確かである。

上杉景勝に関しては、大老職の剝奪を史料上から明確に示すことはできない。しかし、利長が大老職を追われている点を踏まえると、豊臣公儀から放逐されて会津へ征討軍が向けられている景勝も大老職を追われたと考えられる。

西軍は、家康に排斥された五大老・五奉行のメンバーの復権による「遺言体制」の立て直し（家康を除いた四大老・五奉行制の再構築）と、家康の独裁権力下で行われた施策の白紙化をスローガンとした。そのため、西軍は毛利輝元の軍事力を背景としながらも、秀頼の意向を代弁する立場にあった三奉行を前面に押し出し、檄文および「内府ちかひの条々」で家康を弾劾することで周囲に西軍が「秀頼様衆」であると印象づけた。

前田利長や上杉景勝との対立では、家康の側に三奉行が付いていたため、同じ大老衆の争いでありながらも、政治的に家康が優位に立っていた。三奉行に正当性を補完させることで、家康は常に優位に立つことができ、大老衆の構成員を全て排斥するまでは三奉行との連携を保ちたいというのが家康の心情だっただろう。

家康の視点から関ヶ原の役の意義を見た場合、攻略目標だった景勝のみならず、二大老（毛利輝元・宇喜多秀家）を一度に破ったという点は大きい。家康は大老衆を同時に二人以上相手にすることを避けてきており、関ヶ原の役がなければ大老衆を一度に破ることはなかっただろう。大老衆の排斥という面では、想定外の危機に直面しながらも結果的に目的の達成を早めることになった。

しかし、秀頼の意向を代弁する立場にあった三奉行との戦いに突入したことのほうが、より大きな意義がある。家康にとって三奉行との対決は望まざるものだったが、三奉行の離反によって否が応でも戦わなくてはならなくなってしまった。それは、大老衆の排斥にとどまっていた家康の殻を破ると共に、五大老・五奉行のメンバーの中で現役の者全てが家康の敵になったことを意味した。

家康による五大老・五奉行のメンバーの排斥は、いわば「遺言体制」の否定である。家康は慶長四年十月一日に「遺言体制」を改変し、本格的に豊臣政権の簒奪に入った。それに対して西軍は、三成を奉行職に復帰させて「遺言体制」の立て直しを図り、二大老・四奉行による新たな「公儀」を自称。「御仕置改め」として家康の施策を否定した。つまり、関ヶ原の役は、家康と「遺言体制」の最終決戦といえる。そして、家康の勝利によって五大老・五奉行制は完全に崩壊したのである。

豊臣家の家老である五奉行の消滅は、家康に論功行賞の名のもと、豊臣領国体制の再編成を可能にさせた。秀吉が望んだ大名領知の現状維持を守れる者はもう残ってはいなかった。家康は片桐且元《かたぎりかつもと》や小出秀政《こいでひでまさ》の協力を得て領国体制の再編成していく。領国体制の再編成は、地方に点在する豊臣家の直轄領の消滅にも繋がった。摂関家としての地位は保ちながらも、経済力で六十五万石へと豊臣秀頼が転落してしまった根本的な要因は、五大老・五奉行制の崩壊にあったのである。

主要参考文献

【史料集】

『会津資料叢書』第八（会津資料保存会、一九二〇年）
『家康史料集』（人物往来社、一九六五年）
『上杉家御年譜』第三巻 景勝公 二（米沢温故会、一九七六年）
『益軒全集』巻五（益軒全集刊行部、一九一一年）
『越後文書宝翰集 毛利安田氏文書』（新潟県立歴史博物館、二〇〇九年）
『御夜話集』上編（石川県図書館協会、一九三三年）
『改定史籍集覧』第十三冊（臨川書店、復刻版一九八四年）
『改定史籍集覧』第十四冊（臨川書店、復刻版一九八四年）
『改定史籍集覧』第十五冊（臨川書店、復刻版一九八四年）
『改定史籍集覧』第二十六冊（臨川書店、復刻版一九八四年）
『加賀藩史料』第一編（清文堂出版、復刻版一九八〇年）
『覚上公御書集』下（臨川書店、一九九九年）
『鹿児島県史料 旧記雑録後編 三』（鹿児島県、一九八三年）
『義演准后日記』第一（続群書類従完成会、一九七六年）
『義演准后日記』第二（続群書類従完成会、一九八四年）

『北野社家日記』第五（続群書類従完成会、一九七二年）
『黒田家文書』一巻（福岡市博物館、一九九九年）
『群書類従』第二十一輯（続群書類従完成会、一九六〇年）
『高山公実録』上巻（清文堂出版、一九九八年）
神戸大学文学部日本史研究室編『中川家文書』（臨川書店、一九八七年）
『佐賀県近世史料』第一編第一巻（佐賀県立図書館、一九九三年）
『佐賀県史料集成』古文書編七巻（佐賀県立図書館、一九六三年）
『佐賀県史料集成』古文書編十一巻（佐賀県立図書館、一九七〇年）
『茶道文化研究』第七輯（今日庵文庫、二〇一五年）
『真田宝物館収蔵品目録　長野県宝　真田家文書』一（松代藩文化施設管理事務所、二〇〇四年）
柴辻俊六・千葉篤志編『史料集「萬葉荘文庫」所蔵文書』（日本史史料研究会企画部、二〇一三年）
『舜旧記』第一（続群書類従完成会、一九七〇年）
『相国寺蔵西笑和尚文案』（思文閣出版、二〇〇七年）
『新編信濃史料叢書』第十五巻（信濃史料刊行会、一九七七年）
『関原軍記大成』一（国史研究会、一九一六年）
『戦記資料　会津四家合考』（歴史図書社、一九八〇年）
『戦国遺文　真田氏編』第二巻（東京堂出版、二〇一九年）
『戦国遺文　下野編』第三巻（東京堂出版、二〇一九年）
『千秋文庫所蔵佐竹古文書』（東洋書院、一九九三年）
『増補続史料大成』第四十二巻（臨川書店、一九七八年）
『続群書類従』第二十五輯上　武家部（続群書類従完成会、一九五九年）

『太閤史料集』（人物往来社、一九六五年）
『大日本近世史料 細川家史料』一（東京大学出版会、一九六九年）
『大日本古文書 家わけ第二 浅野家文書』（東京大学出版会、一九六八年）
『大日本古文書 家わけ第三 伊達家文書之二』（東京大学出版会、一九八二年）
『大日本古文書 家わけ第八 毛利家文書之三』（東京大学出版会、一九九七年）
『大日本古文書 家わけ第九 吉川家文書之二』（東京大学出版会、一九九七年）
『大日本古文書 家わけ第九 吉川家文書別集』（東京大学出版会、一九九七年）
『大日本古文書 家わけ第十二 上杉家文書之二』（東京大学出版会、一九八一年）
『大日本古文書 家わけ第十二 上杉家文書之三』（東京大学出版会、一九八一年）
『大日本古文書 家わけ第十六 島津家文書之二』（東京大学出版会、一九八二年）
『大日本古文書 家わけ第十六 島津家文書之三』（東京大学出版会、一九八二年）
『大日本古文書 家わけ第十六 島津家文書之四』（東京大学出版会、二〇一一年）
『朝野旧聞裒藁』第九巻（汲古書院、一九八二年）
『當代記 駿府記』（続群書類従完成会、一九九五年）
『言経卿記』九（続群書類従完成会、一九七五年）
『言経卿記』十（続群書類従完成会、一九七七年）
徳川義宣『新修 徳川家康文書の研究』第二輯（吉川弘文館、二〇〇六年）
『内閣文庫影印叢刊 譜牒余録』上（国立公文書館、一九七三年）
『内閣文庫影印叢刊 譜牒余録』中（国立公文書館、一九七四年）
『内閣文庫影印叢刊 譜牒余録』下（国立公文書館、一九七五年）
中村孝也『新訂 徳川家康文書の研究』中巻（日本学術振興会、一九八〇年）

『萩藩閥閲録』第三巻（マツノ書店、復刻版一九九五年）
『萩藩閥閲録』遺漏（マツノ書店、復刻版一九九五年）
『前田育徳会尊経閣文庫所蔵 武家手鑑 解題・釈文』（臨川書店、一九七八年）
『松井文庫所蔵古文書調査報告書』一（八代市立博物館未来の森ミュージアム、一九九六年）
『松井文庫所蔵古文書調査報告書』二（八代市立博物館未来の森ミュージアム、一九九七年）
『松井文庫所蔵古文書調査報告書』三（八代市立博物館未来の森ミュージアム、一九九八年）
『松井文庫所蔵古文書調査報告書』十（八代市立博物館未来の森ミュージアム、二〇〇六年）
『綿考輯録』二巻（汲古書院、一九八八年）
『歴代古案』第四（続群書類従完成会、二〇〇〇年）
『歴代古案』第五（続群書類従完成会、二〇〇二年）
『海行摠載』第一（朝鮮古書刊行会、一九一四年）
姜沆著・朴鐘鳴注釈『看羊録』（平凡社、一九八四年）
松田毅一監訳『十六・十七世紀イエズス会日本報告集』第Ⅰ期、第三巻（同朋舎出版、一九八八年）
松田毅一・川崎桃太翻訳『フロイス日本史』二 豊臣秀吉篇（中央公論社、一九七七年）

《自治体史》

『愛知県史』資料編十三 織豊三（二〇一一年）
『岡山県史』第二十五巻 津山藩文書（一九八一年）
『岐阜県史』史料編 古代・中世四（一九七三年）
『甲府市史』史料編 第二巻 近世一（一九八七年）
『新修 小松市史』資料編一 小松城（一九九九年）

『新修 七尾市史』三 武士編（二〇〇一年）
『仙台市史』資料編十一 伊達政宗文書二（二〇〇三年）
『千葉県の歴史』資料編 中世五（二〇〇五年）
『能代市史』資料編 中世二（一九九八年）
『八代市史』近世史料編八（一九九九年）
『山口県史』史料編 中世三（二〇〇四年）
『山口県史』史料編 中世四（二〇〇八年）

《図録》

『企画展 本多忠勝と子孫たち――岡崎藩主への軌跡』（岡崎市美術博物館、二〇一二年）
『テーマ展 乱世からの手紙――大阪城天守閣収蔵古文書選』（大阪城天守閣、二〇一四年）
『徳川家康没後四〇〇年記念 特別展 大関ヶ原展』（二〇一五年）
『特別展 五大老』（大阪城天守閣、二〇〇三年）
『特別展 豊臣と徳川』（大阪城天守閣、二〇一五年）
『特別展 秀吉家臣団』（大阪城天守閣、二〇〇〇年）

【編著書】

秋山伸隆「戦国大名毛利氏の石見銀山支配」（岸田裕之編『中国地域と対外関係』山川出版社、二〇〇三年）
跡部信『豊臣政権の権力構造と天皇』（戎光祥出版、二〇一六年）
石川松太郎『往来物の成立と展開』（雄松堂出版、一九八八年）

今福匡『直江兼続』（新人物往来社、二〇〇八年）
太田浩司『近江が生んだ知将石田三成』（淡海文庫、二〇〇九年）
岡田章雄『三浦按針』（思文閣出版、一九八四年）
小川雄『徳川権力と海上軍事』（岩田書院、二〇一六年）
笠谷和比古『関ヶ原合戦と近世の国制』（思文閣出版、二〇〇〇年）
笠谷和比古『戦争の日本史17　関ヶ原合戦と大坂の陣』（吉川弘文館、二〇〇七年）
笠谷和比古「関ケ原合戦と大坂の陣」（笠谷和比古編『徳川家康――その政治と文化・芸能』宮帯出版社、二〇一六年）
旧参謀本部編『関ヶ原の役　日本の戦史』（徳間書店、二〇〇九年〈初出一九六五年〉）
黒田基樹『「豊臣大名」真田一族』（洋泉社、二〇一六年）
桑田忠親『日本の合戦　第七巻』（人物往来社、一九六五年）
小宮山敏和『譜代大名の創出と幕藩体制』（吉川弘文館、二〇一五年）
近藤好和『武具の日本史』（平凡社、二〇一〇年）
柴裕之『戦国・織豊期大名徳川氏の領国支配』（岩田書院、二〇一四年）
柴裕之『徳川家康――境界の領主から天下人へ』（平凡社、二〇一七年）
清水有子『近世日本とルソン――「鎖国」形成史再考』（東京堂出版、二〇一二年）
清水亮「秀吉の遺言と「五大老」・「五奉行」」（山本博文・曽根勇二・堀新編『消された秀吉の真実』柏書房、二〇一一年）
白峰旬『新解釈　関ヶ原合戦の真実――脚色された天下分け目の戦い』（宮帯出版社、二〇一四年a）
新創社編『京都時代MAP　安土桃山編』（光村推古書院、二〇〇六年）
鈴木かほる『徳川家康のスペイン外交――向井将監と三浦按針』（新人物往来社、二〇一〇年）

高澤祐一『加賀藩の社会と政治』(吉川弘文館、二〇一七年)
高橋明「奥羽越の関ヶ原支戦」(財団法人福島県文化振興事業団『直江兼続と関ヶ原』戎光祥出版、二〇一四年〈初出二〇一一年〉)
谷口央編『関ヶ原合戦の深層』(高志書院、二〇一四年)
谷徹也編『石田三成』(戎光祥出版　二〇一八年)
外岡慎一郎『シリーズ・実像に迫る2 大谷吉継』(戎光祥出版、二〇一六年)
鳥津亮二『小西行長――「抹殺」されたキリシタン大名の実像』(八木書店、二〇一〇年)
中野等『石田三成伝』(吉川弘文館　二〇一六年)
野村玄『天下人の神格化と天皇』(思文閣出版、二〇一五年)
野村玄『豊国大明神の誕生――変えられた秀吉の遺言』(平凡社、二〇一八年)
平野明夫『三河松平一族』(新人物往来社、二〇〇二年)
平野明夫「永禄六年・同七年の家康の戦い――三河一向一揆の過程」(戦国史研究会編『戦国期政治史論集 西国編』岩田書院、二〇一七年)
福田千鶴『江の生涯』(中央公論新社、二〇一〇年)
藤井譲治『徳川家康』(吉川弘文館、二〇二〇年)
堀越祐一「豊臣五大老の実像」(山本博文・曽根勇二・堀新編『豊臣政権の正体』柏書房、二〇一四年)
堀越祐一『豊臣政権の権力構造』(吉川弘文館、二〇一六年)
水野伍貴「石田正澄と三成――関ヶ原前夜の三成を支えた豊臣家もう一人の重臣」(『歴史読本』五六巻一二号、二〇一一年)
水野伍貴「『直江状』は本物なのか?」(渡邊大門編『家康伝説の嘘』柏書房、二〇一五年)
水野伍貴『秀吉死後の権力闘争と関ケ原前夜』(日本史史料研究会企画部、二〇一六年a)

水野伍貴「七将による石田三成襲撃事件の真相」（『日本史のまめまめしい知識 第一巻』日本史史料研究会、二〇一六年b）
水野伍貴「石田三成襲撃事件の真相とは」（渡邊大門編『戦国史の俗説を覆す』柏書房、二〇一六年c）
水野伍貴「関ケ原合戦と井伊直政――『先制攻撃』を演出した直政の面目躍如」（歴史と文化の研究所編『井伊一族のすべて』洋泉社、二〇一七年c）
水野伍貴「徳川家康の戦い」（日本史史料研究会監修、白峰旬編著『関ヶ原大乱、本当の勝者』朝日新聞出版、二〇二〇年a）
光成準治『関ヶ原前夜　西軍大名たちの戦い』（KADOKAWA、二〇一八年）〈初出二〇〇九年〉
三宅正浩『近世大名家の政治秩序』（校倉書房、二〇一四年）
矢部健太郎『豊臣政権の支配秩序と朝廷』（吉川弘文館、二〇一一年）
山田貴司編『加藤清正』（戎光祥出版、二〇一四年）
山本博文『幕藩制の成立と近世の国制』（校倉書房、一九九〇年）
渡邊大門『宇喜多秀家と豊臣政権――秀吉に翻弄された流転の人生』（洋泉社、二〇一八年）
渡邊大門『関ヶ原合戦は「作り話」だったのか――一次史料が語る天下分け目の真実』（PHP研究所、二〇一九年）
P・G・ロジャーズ著、幸田礼雅訳『日本に来た最初のイギリス人――ウイリアム・アダムス＝三浦按針』（新評論、一九九三年）

【論文】

阿部勝則「豊臣五大老・五奉行についての一考察」（『史苑』四九巻二号、一九八六年）

池田宏「南蛮胴具足」（『和歌山県立博物館研究紀要』第一一号、二〇〇五年）
岸野久「関ケ原戦役前における徳川家康とフィリピンとの交渉――ローマ・イエズス会文書による」（『キリスト教史学』二八号、一九七四年）
佐久間正訳「西班牙古文書 日本二十六聖人殉教録（ジェロニモ・デ・ジェスス書翰並びに報告）」（『横浜市立大学紀要』二六号、一九五四年）
下村信博「関ヶ原の戦いにおける東海道方面東軍諸将の動向」（『名古屋市博物館研究紀要』三六巻、二〇一三年）
白峰旬「直江状についての書誌的考察」（『史学論叢』四一号、二〇一一年）
白峰旬「フィクションとしての小山評定――家康神話創出の一事例」（『別府大学大学院紀要』一四号、二〇一二年）
白峰旬「小山評定は歴史的事実なのか（その三）――拙論に対する本多隆成氏の御批判に接して」（『史学論叢』四四号、二〇一四年b）
白峰旬「豊臣公儀としての石田・毛利連合政権」（『史学論叢』四六号、二〇一六年）
白峰旬「いわゆる小山評定についての諸問題――本多隆成氏の御批判を受けての所見、及び、家康宇都宮在陣説の提示」（『別府大学院紀要』一九号、二〇一七年）
田嶋悠佑「織豊大名領国と大身家臣――越後堀領国を事例として」（『地方史研究』三九三号、二〇一八年）
田嶋悠佑「直江兼続は年貢米を持ち去ったのか」（渡邊大門編『日本中近世の権力と社会』歴史と文化の研究所、二〇二〇年）
谷徹也「秀吉死後の豊臣政権」（『日本史研究』六一七号、二〇一四年）
中野等「慶長三年の豊臣政権」（『織豊期研究』第二一号、二〇一九年）
原史彦「新出史料『前田利長書状 堀秀治宛』『堀家文書』『徳川秀忠書状 越前宰相（結城秀康）宛』について」（『金鯱叢書』第三七輯、二〇一一年）

藤井讓治「慶長五年の『小山評定』をめぐって」(『龍谷日本史研究』四二号、二〇一九年)
本多隆成「小山評定の再検討」(『織豊期研究』第一四号、二〇一二年)
本多隆成「『小山評定』再論――白峰旬氏のご批判に応える」(『織豊期研究』第一七号、二〇一五年)
本多隆成「『小山評定』再々論――家康の宇都宮在陣説を中心に」(『地方史研究』三九八号、二〇一九年)
本多隆成「歴史研究と研究史――徳川氏研究の事例から」(『織豊期研究』第二二号、二〇二〇年)
水野伍貴「秀吉死後の権力闘争からみる家康の国際外交」(『十六世紀史論叢』八号、二〇一七年a)
水野伍貴「小山評定の歴史的意義」(『地方史研究』三八六号、二〇一七年b)
水野伍貴「秀吉死後における家臣間の対立構造と推移」(渡邊大門編『戦国・織豊期の諸問題』歴史と文化の研究所、二〇一八年a)
水野伍貴「関ヶ原の役と井伊直政」(『研究論集 歴史と文化』第二号、二〇一八年b)
水野伍貴「関ヶ原の役と真田昌幸」(『研究論集 歴史と文化』第三号、二〇一八年c)
水野伍貴「関ヶ原の役と伊達政宗」(『十六世紀史論叢』一〇号、二〇一八年d)
水野伍貴「加賀征討へ向かう動静の再検討――会津征討との対比を通して」(『十六世紀史論叢』一一号、二〇一九年a)
水野伍貴「関ヶ原前夜の長岡氏」(『研究論集 歴史と文化』第四号、二〇一九年b)
水野伍貴「長岡氏の関ヶ原の役――大坂玉造長岡邸の動きを中心に」(『研究論集 歴史と文化』第五号、二〇一九年c)
水野伍貴「関ヶ原の役における吉川広家の動向と不戦の密約」(『研究論集 歴史と文化』第五号、二〇一九年d)
水野伍貴「関ヶ原の役と本多忠勝」(『研究論集 歴史と文化』第六号、二〇二〇年b)
水野伍貴「徳川・前田の和解と石田三成の失脚」(渡邊大門編『日本中近世の権力と社会』歴史と文化の研究所、二〇二〇年c)

水野伍貴「秀吉『遺言体制』の成立と変遷――五大老・五奉行を中心に（上）」（『十六世紀史論叢』十四号、二〇二一年a）。
水野伍貴「秀吉『遺言体制』の成立と変遷――五大老・五奉行を中心に（下）」（『研究論集 歴史と文化』第七号、二〇二一年b）。
宮本義己「内府（家康）東征の真相と直江状」（『大日光』七八号、二〇〇八年）
宮本義己「直江状研究諸説の修正と新知見」（『大日光』八二号、二〇一二年）
光成準治「関ヶ原前夜における権力闘争――毛利輝元の行動と思惑」（『日本歴史』七〇七号、二〇〇七年）

あとがき

筆者は、平成二十八年（二〇一六）に論文集『秀吉死後の権力闘争と関ケ原前夜』（日本史史料研究会企画部、以下「拙著」と表記）を刊行した。研究者を対象にした拙著に対して、本書は一般向けに拙著の内容を噛み砕いたものである。とはいえ、拙著の刊行から五年が経過しており、如何に怠惰な筆者でも、ある程度は研究が前進している（と思われる）。本書は、拙著刊行以降の研究成果を組み入れたため、大きくリニューアルされている。すでに拙著を手にとられた方でも楽しんでいただけるのではないだろうか。

本書の編集をご担当いただいた小代渉氏には、平成二十七年（二〇一五）の「『直江状』は本物なのか？」（渡邊大門編『家康伝説の嘘』柏書房）からお世話になっている。本書は当初、五大老・五奉行から書き始めるつもりだったが、小代氏のアドバイスによって序章で徳川家康と石田三成の人物像に触れることになった。長年のお付き合いがある編集者にご担当いただけたのは幸いだった。間違いなく良いものに仕上がっただろう。

なお、本書における史料の引用は、読みやすさを考慮して基本的に現代語訳で示しており、原文は掲載していない。また、学術論文の註のように根拠を詳細に記すこともしていない。分野に長けた読者の方は、この点に不足を感じるかもしれないが、本書が一般向けの書籍であることをご理解いただき、以下に各章の元となった拙稿を示すので、そちらを参照いただければ幸いである。

第一章　拙著第一章、水野二〇二一ａ、水野二〇二一ｂ。
第二章　拙著第二章、水野二〇一七ａ、水野二〇一八ａ、水野二〇二〇ｃ。
第三章　拙著第三章、水野二〇一九ａ、水野二〇一九ｂ、水野二〇一九ｃ、水野二〇二一ｂ。
第四章　拙著第四章、拙著終章。
補論　水野二〇一七ｂ、水野二〇一九ａの註（2）部分、水野二〇一九ｄの註（78）部分。
終章　拙著終章、水野二〇二一ｂ。

本書は、筆者が最も関心のある、秀吉が歿してから西軍が挙兵するまでの期間をテーマとして扱った。この期間は大変面白いので、読者の方々には楽しんで読んでいただけると信じている。しかし、関ヶ原の役という大規模な大乱を総体的に見た場合、本書は導入で終わりを迎えるので、関ヶ原合戦（本戦）に関心があって手にとった方からすると物足りなさを感じてしまうかもしれないことは重々承知している。本書では扱わなかった前哨戦、各地方での局地戦、本戦、そして戦後処理については機会があれば書くことにしたい。

二〇二一年四月

水野伍貴

【著者略歴】

水野伍貴（みずの・ともき）

1983年愛知県生まれ。

高崎経済大学大学院地域政策研究科博士後期課程単位取得退学。

現在、株式会社歴史と文化の研究所客員研究員。

著書は『秀吉死後の権力闘争と関ヶ原前夜』（日本史史料研究会企画部、2016年）、論文は「関ヶ原の役における吉川広家の動向と不戦の密約」（『研究論集 歴史と文化』第5号、2019年）ほか多数。

関《せき》ヶ《が》原《はら》への道《みち》——豊臣秀吉《とよとみひでよし》死後《しご》の権力《けんりょく》闘争《とうそう》

2021年5月30日　初版印刷
2021年6月10日　初版発行

著　者　　水野伍貴
発行者　　大橋信夫
発行所　　株式会社 東京堂出版
〒101-0051　東京都千代田区神田神保町1-17
電話　03-3233-3741
http://www.tokyodoshuppan.com/

装　丁　　常松靖史［TUNE］
組　版　　有限会社 マーリンクレイン
印刷・製本　　中央精版印刷株式会社

ISBN978-4-490-21051-4 C1021